AF389050

LA TEMPÉRANCE.

MANIERE
DE SE RÉCRÉER
AVEC LE JEU DE CARTES
NOMMÉES TAROTS.

Pour servir de troisiéme Cahier à cet Ouvrage.

PAR ETTEILLA.

A AMSTERDAM,

Et se trouve

A PARIS,

Chez { SEGAULT, Libraire, Quai de Gêvres.
LEGRAS, Libraire, Quai Conty, à côté du petit Dunkerque.

1783.

L'Art de tirer les Cartes Françoises,
ayant généralement plû, j'ai cru que je
flatterois de même la curiosité & le goût
de presque toute l'Europe, si je mettois
au jour celui de tirer les Cartes nommées
Tarots, celles-ci étant à tous égards
l'origine des nôtres, puisqu'elles nous
viennent (ainsi que nous l'a très-savam-
ment dit *M. Court de Gébelin*, dans son
huitiéme Volume du *Monde-Primitif*,)
des premiers Egyptiens.

Je ne disserterai point ici à fond sur
ce Jeu de Cartes, ou plutôt ce *précieux
Livre*, qui m'est familier depuis 1757.
sur lequel je proteste avoir trouvé des ren-
seignemens uniques ; je dirai donc quelle
est la maniere de s'en récréer, à l'imita-
tion des anciens Peuples qui en faisoient
leur plus solide occupation, ce Jeu de
Cartes nommées jadis *le Livre de Thot*,
renfermant en général toutes leurs sciences, & particulierement leur Religion.

A ij

leurs Oracles, & leur Médecine universelle, ainsi qu'il est facile de s'en rendre raison, en interprétant, à la façon des Anciens *Mages*, les soixante-dix huit Hiéroglyphes qui sont contenus dans ce Jeu de Cartes. *

Pour entendre ce que je vais dire, il est utile d'avoir sous les yeux le Jeu de Cartes nommées *Tarots*, & sans se mettre en peine de l'ordre que je tiens pour les nombres & l'interprétation que je donne aux Hiéroglyphes, il faut écrire l'un & l'autre sur chacune des Cartes, suivant le plan que j'indique, promettant, au surplus, de mettre en lumiere ce qui manque ici, pour avoir une idée complette de ce Livre de *Thot*, qui renferme l'Univers entier. **

-----

* Voyez dans l'Ouvrage, p... nºs. 9, 10, 11 & 12.

** C'est la juste expression du plus savant & du plus grand Antiquaire qui soit parvenu jusqu'à nous.

- *P. S. On trouve ce Jeu de Cartes corrigé, à Paris, chez l'Auteur, demeurant, rue de la Verrerie, vis-à-vis celle de la Poterie, dans le bâtiment neuf. S'adresser au Portier.*

MANIERE
DE SE RÉCRÉER
AVEC LE JEU DE CARTES
NOMMÉES TAROTS.

Pour servir de troisiéme Cahier à cet Ouvrage.

Nº. 1. LEs Egyptieus prenoient cette Carte ou lame, * sur laquelle étoit tracé un Hiéroglyphe * * pour l'homme qui les consultoit ; ainsi cette Lame ou

---

* Elles étoient de l'or le plus fin, & leur dimension étoit 1 sur 2.

* * Le Hiéroglyphe qui étoit sur cette lame, est absolument changé ; ainsi sans entrer en matiere, cette Carte n'offre plus aujourd'hui, suivant le pays où elle est fabriquée, qu'un *Jupiter*, ou un *Pape*, ou un *Spadassin.*

A iij

Carte , signifie , ou représente *celui qui interroge les Oracles* , par le Livre de *Thot.*

N°. 2. Le Soleil , ce Hiéroglyphe signifie *éclaircissement.*

N°. 3. *La Lune* , signifie *coup de langue.*

N°. 4. *L'Etoile* signifie *dépouillement.*

N°. 5. Le Monde * signifie *Voyage.*

N°. 6. L'Impératrice ** signifie , à *quelque chose malheur est bon* ; ou, *ce qui nous a nui , nous deviendra ou nous devient utile.*

N°. 7. L'Empereur , signifie *appui.*

---

* Effacez le Cartouche oval, & mettez en place un Serpent , ayant la queue dans sa gueule.. & au lieu de deux misérables brins d'herbe , mettez deux pyramides qui doivent avoir 59 mesures, en raison de la figure qui en avoit 121 ; & d'accord avec tous les Savans , vous concevrez que cette figure étoit ceinturée de 7 étoiles.....

** Notre inestimable Antiquaire voudra bien vérifier qu'il s'est trompé : ce Hiéroglyphe est moderne ; dans l'un des trois autres cahiers je démontrerai que c'étoit primitivement le quatriéme jour de la Création.

N°. 8. Cette Carte , ou mieux ce Hiéroglyphe, comme les deux précédens, ne reſſemblent plus en aucune ſorte à ce qu'ils étoient chez les premiers Egyptiens. * Sur cette Carte on voit aujourd'hui une *Junon*, ou une *Papeſſe*, ou une *Donzelle Eſpagnole*; ſignifie *la femme pour qui on interroge les Oracles du Livre de Thot.*

N°. 9. La Juſtice , ſignifie *Équité :* exemple : C.B.A. A ſoit Jupiter. La Juſtice en B , & une figure quelconque en C. .... A Jupiter, B rendra la Juſtice à la figure C. au contraire A. B. C. ſera C qui rendra juſtice à A. Cet exemple doit ſervir généralement pour tous , lorſqu'il faut interpréter les Oracles offerts dans le coup tiré.

---

* La Diſſertation que j'ai faite ſur cette Carte , en prouvant d'une maniere irréfutable la ſorte d'Hiéroglyphe qui y avoit primitivement été , m'a mérité à Francfort-ſur-le-Mein en 1777 , le ſurnom d'*Aſtro-phil-aſtres* , & *Mage* de France, au terme des ſecondes Sciences humaines.

N°. 10. La Tempérance, signifie ou annonce *qu'il faut se tempérer*. Dans le sujet eu égard au sujet indiqué dans la lame suivante, soit pour le physique ou soit pour le moral ; les extrêmes, dans l'un & l'autre cas, étant contraires à la raison humaine, & même à la loi que nous indique la sage Nature, dans les mouvemens généraux.

N°. 11. La Force , soit C. B. A. A, le questionnant ; B, la Force ; C, un rival du questionnant ; celui-ci sera vaincu. Soit B. C. A. aux menaces de A,... C ira chercher la Force B, & vaincra A.... Ce vrai Hiéroglyphe , ainsi que les deux précédens, & les suivans, nous viennent directement des Egyptiens, si on en excepte qu'en passant dans les mains des Grecs , des Arabes, des premiers Peuples Anglois, & Espagnols, enfin des Romains , des Allemands, &c. ils ont été altérés , ainsi qu'en général presque tous les nombres transposés ; ce que je démontre & prouve évidemment dans l'Ouvrage entier : signifie *la Force*.

N°. 12. La Prudence ; * quelque part où vienne cette Carte dans le coup tiré, c'eſt un ſage avis d'opérer prudemment, puiſqu'il eſt reconnu que le préjugé & l'ignorance nous font un crime de nos actes les plus louables, lorſqu'ils ne ſentent pas la marche que nous prenons pour amener l'homme groſſier à une vie honnête & utile à la Société ; ſignifie *Prudence*.

N°. 13, Le Mariage ** ; ce Hiéroglyphe eſt un de ceux ſur leſquels les Egyptiens ſe ſont beaucoup étendus. Ils ont dit ; le Mariage eſt une volonté abſolue du Créateur, & quiconque en troublera l'accord, ou en détournera la pro-

---

* Rayez abſolument l'affreux nom de pendu, que l'ignorance la plus outrée a donné à cette précieuſe vertu.

** Dans l'Ouvrage je rends raiſon de la tranſpoſition que je fais de ce Hiéroglyphe, en place de la mort, que je claſſe au N°. 17. & ſans démontrer ici que je traduis juſte la penſée des Egyptiens , je dis qu'il faut remonter à l'eſprit du Mariage, qui eſt naiſſance, comme naiſſance eſt l'eſprit de la mort , & celle-ci de la vie.

A v

greſſion , ne *vivra* point dans ce monde ,
ni dans l'autre. . . . ſignifie *Mariage.*

N°. 14. Le Diable. Les Egyptiens ,
par ce mot Diable , ou Démon , n'entendoient pas des Eſprits infernaux en-
chaînés dans l'abîme , mais un homme
dont la ſcience ſurpaſſoit de beaucoup
celle des autres ; enfin , qui ſavoit tout
par don divin , ou par une étude *inter-*
paſſante. Tels étoient les Bracmanes , les
Gymnoſophiſtes , les Druides , &c. &c.
Ce Hiéroglyphe ſignifie , *force majeure ,*
dans tout ce qui regarde les choſes de la
vie humaine.

N°. 15. Le Bâteleur , * ſignifie *Ma-*
ladies : au contraire , autrefois , regardé
comme Mage , il ſignifioit la *ſanté.*

N°. 16. Le Jugement , C. B. A. Le
Jugement en C , dit que vous ne jugez
ſur rien. B. C. A. ce que vous jugez de
B eſt véritable ; ce que vous jugez de
A eſt faux ; ſignifie *Jugement.*

---

* Ce Hiéroglyphe eſt bien altéré ; c'étoit
un Mage. . . . .

N°. 17. La Mort : notez qu'il faut bien que la mort vienne ; mais il ne faut pas confondre. Soit C. B. A. la mort en C. ne dit rien ; A. C. B. mauvaise nouvelle pour A ; mais comme le Livre des Oracles n'eſt pas celui des Décrets , il faut le plus ſouvent croire que la mort venue ici en C. n'*eſt qu'une petite viſite d'étiquette*, qu'elle vient rendre à A : néanmoins il faudroit ſe défier de B ; car c'eſt lui qui envoye C ſur A. & enfin , pour que C porte à-plomb ſur A , il faudroit qu'il y eût D. A. C. B. car ſans quoi dans cette hypothèſe A. C. B. on reléve A & B , & C reſte tout ſeul ; ſignifie *la mort* , ou peu s'en faut , ſur la lame qui ſuit , qui le plus ſouvent eſt un inconnu , ou un Projet, ou un Procès ; & dans ce dernier cas tant-mieux.

N°. 18. L'Hermite. Chez les Egyptiens on ne prenoit , comme diſent les Provençaux , la *Capuce* , que lorſque l'on étoit parvenu au premier degré de la Science & de la Sageſſe humaine : ces Philoſophes y étoient même , en quel-

que sorte, forcés par leurs contempo-
rains, & par leurs Disciples, afin que,
suivant l'idée vulgaire, les corpuscules
du sublime ne s'exaltassent pas si libre-
ment : aujourd'hui ce Hiéroglyphe signifie *un hypocrite, un traître* *.

N°. 19. La Maison-Dieu. Comme
on voit que cette Maison ressemble à la
Tour de Montgommery, que l'on vient
d'abattre, ou au petit Châtelet que l'on
abat, il est bien juste de n'en pas faire,
comme les ignorans, le Temple de l'E-
ternel. Ainsi, comme l'ont témoigné
les Egyptiens qui ne l'ont jamais nommée Maison-Dieu, mais Maison des
châtimens de Dieu... elle signifie *Prison, misere.*

N°. 20. La Roue de fortune ; ce
Hiéroglyphe signifie, *augmentation &
fortune* ; notez pourtant que toutes les
fois qu'elle paroît dans le coup, il ne

---

* J'avertis le Lecteur que je ne traduis toujours qu'à l'égard de la divination des Egyptiens.

faut pas croire qu'elle est à nous ; enfin il faut bien consulter où elle est placée*.

N°. 21. Le Chariot, signifie *bruit*, *dispute*, *dissension*, mauvais *ordre* : les petits, sans doute fâchés contre les chars, disent d'une commune voix, qu'il n'est ni bien, ni agréable d'être éclaboussés comme des barbets, & écrasés comme des puces.

N°. o. Le Fol, ou la Folie ; cette Carte est la seule qui n'eut effectivement jamais de numéro ; ce qui revient assez bien à ce qu'il n'est guères possible d'assigner un nombre à nos cheres folies ** ; signifie *folie*.

Il faut entendre que ces 12 premié-

----

* On l'a dit souvent très-mal, & on va jusqu'à la traiter de folle ; mais je la crois très-sage, puisqu'elle ne prend à tâche que de tourmenter les foux.

** Les Egyptiens nous offrent ce Hiéroglyphe comme un miroir, qui sans être étamé, donne à chacun la faculté de voir d'un côté les défauts des uns, lorsque ceux-ci voyent en regardant par le côté opposé les défauts des autres.

res Lames n'ont jamais eu chez les Egyptiens , à l'égard de la divination , qu'une
seule signification ; mais lorsque ce Livre
étoit remué & mélangé , enfin ouvert ,
ou coupé , & que l'un de ces 2 2 Hiéroglyphes venoit de haut en bas , alors le
pronostic étoit moindre , c'est-à-dire ,
que le chariot venant renversé , de haut
en bas , la dispute est moins considérable.
Si le soit-disant Diable vient les pieds en
haut, la force majeure est moindre ; ainsi
de ces vingt-deux significations , les 2 2
Hiéroglyphes majeurs étant interprétés ,
comme j'ai dit pour la divination , & non
pour la Philosophie hermétique, qui y est
si parfaitement développée , qu'il est
impossible de n'y pas reconnoître les
Originaux de tous les Adeptes , qui ont
écrit. Nous allons passer aux 5 6 Hiéroglyphes mineurs montés sous les quatre
premieres faces qu'ont tous les nombres
relativement aux hautes Sciences , ou se-
condes Sciences humaines. *

---

* Je rendrai raison de toutes ces divisions ,
non à la maniere des Antiquaires , mais suivant la science des Cabalistes.

Les Bâtons sur leurs assiettes, Situs.

N°. 22. Le Roi de bâton, c'est un homme.

N°. 23. La Dame, *une femme.*

N°. 24. Le Chevalier , signifie *Départ* (1).

No. 25. Le Valet, *Bon Etranger.*

N°. 26. Le 10 de bâton, *Trahison.*

N°. 27. Le 9 , *Retard.*

N°. 28. Le 8 , *Partie de campagne.*

No. 29. Le 7 , *Caquets.*

N°. 30. Le 6 , *Domestique.*

N°. 31. Le 5 , signifie *Or.*

N°. 32. Le 4 , *Société.*

No. 33. Le 3 , *Entreprise.*

N°. 34. Le 2 , *Chagrin.*

N°. 35. Le 1 , *Naissance.*

Les Coupes sur leurs assiettes, Situs.

N°. 36. le Roi de coupes , *Homme blond.*

N°. 37. la Dame, *Femme blonde.*

N°. 38. le Chevalier , *Arrive* (2).

N°. 39. le Valet , *Garçon blond.*

Nº. 40. le 10 de coupe , *La ville où l'on est.*

Nº. 41. le 9. *Victoire.*

Nº. 42. le 8. *Fille blonde.*

Nº. 43. le 7. *La pensée*, (3).

Nº. 44. le 6. *Le passé* (4).

Nº. 45. le 5. *Héritage.*

Nº. 46. le 4. *Ennui* (5).

Nº. 47. le 3. *Réussite.*

Nº. 48. le 2. *Amour.*

Nº. 49. le 1. *Table.*

Les Epées sur leurs assiettes.

Nº. 50. le Roi d'Epée , *Homme de Robe* (*).

Nº. 51. la Dame , *Veuvage* (6).

Nº. 52. le Chevalier, *Militaire, homme d'épée par état.*

Nº. 53. le Valet , *c'est un Espion.*

Nº. 54. le 10 d'Epée , *Pleurs.*

(*) Chez les Egyptiens , du regne des vrais Mercures, ceux qui commandoient les Armées rendoient la justice, traitoient les malades & desservoient les Temples pendant la paix.

Nᵒ. 55. le 9. *Eccléfiaftique.*

Nᵒ. 56. le 8. *Maladie dite de N.*

Nᵒ. 57 le 7. *Efpérance.*

Nᵒ. 58. le 6. *Envoyé, Commiffion-
naire.*

Nᵒ. 59. le 5. *Perte.*

Nᵒ. 60. le 4. *Solitude.*

Nᵒ. 61. le 3. *Religieufe* (*).

Nᵒ. 62. le 2. *Amitié.*

Nᵒ. 63. le 1. *Amour folle* (**).

Les deniers fur leurs affiettes.

Nᵒ, 64. le Roi de denier, *Homme
brun.*

Nᵒ. 65. la Dame, *Femme brune.*

Nᵒ. 66. le Chevalier, *Homme utile.*

Nᵒ. 67. le Valet , *Garçon brun.*

Nᵒ. 68. le 10. *La maifon.*

Nᵒ. 69. le 9. *Effet.*

(*) Chez les Egyptiens, on ne recevoit pour
Veſtales que celles dont la nature étoit in-
forme ; ce qui étoit très-rare.

(**) Amour folle ; pour la tempérer , fai-
tes travailler journellement dix-huit heures
aux labours ; le reméde eſt Egyptien.

Nº. 70. le 8. *Fille brune.*
Nº. 71. le 7. *Argent.*
Nº. 72. le 6. *Le préfent.*
Nº. 73. le 5. *Amant ou Maîtreffe* (7).
Nº. 74. le 4. *C'eft un préfent.*
Nº. 75. le 3. *Nobleffe.*
Nº. 76. le 2. *Embarras.*
Nº. 77. le 1. *Parfait contentement.*

Il faut à préfent interpréter ces Hiéroglyphes, tels que les Egyptiens nous le témoignent, lorfqu'ils ont la tête en bas.

Les Bâtons renverfés.

Nº. 22. Le Roi de Bâton, *c'eft un homme naturellement bon, mais févère, & qui le plus fouvent attend le vrai moment de corriger.*

Nº. 23. La Dame, *c'eft une bonne femme, économe, vertueufe, point bigote, point bavarde, point coquette, point pareffeufe, point gourmande; enfin une vraie bonne femme, & de beaucoup d'efprit.*

N°. 24. le Chevalier. *Désunion* (8).

N°. 25. le Valet. *Fausse nouvelle* (9).

N°. 26. le 10. *Barres* (10).

N°. 27. le 9. *Traverses.*

N°. 28. le 8. *Disputes intestines.*

N°. 29. le 7. *Indécision.*

N°. 30. le 6. *Attente.*

N°. 31. le 5. *Procès.*

N°. 32. le 4. *Fleurissement* (*).

N°. 33. le 3. *Peine court à sa fin.*

N°. 34. le 2. *Surprise* (11).

N°. 35. le 1. *Se défier de la premiere victoire.*

Les Coupes renversées.

N°. 36. Le Roi de coupe, *c'est un homme en place*, mais mal placé, s'occupant du commerce des Marchands Rubaniers ; c'est-à-dire, vendant la faveur.

N°. 37. La Dame, *c'est une femme en place*, mais tripotiere, se mêlant des projets, des procès ; enfin, tripotant en

---

(*) Il faut dans le grand Etteilla, au Numéro 15, entendre aussi fleurissement.

tous genres pour avoir de l'argent , &
mourir comme celles que tous les Egyptiens ont écrites dans leur Livre , cou-
vertes de honte, de remords, & tachées
à perpétuité d'infamie.

N°. 38. le Chevalier. *Plus d'esprit
que de conscience.*

N°. 39. le Valet. *C'est un flatteur.*

N°. 40. le 10. *Prêt à perdre* (12).

N°. 41. le 9. *Sincérité.*

N°. 42. le 8. *Fêtes , Gaieté.*

N°. 42. le 7. *Projet.*

N°. 44. le 6. *L'avenir.*

N°. 45. le 5. *Faux projets.*

N°. 46. le 4. *Nouvelle connoissance.*

N°. 47. le 3. *Expédition d'affaires.*

N°. 48. le 2. *Désir.*

N°. 49. le 1. *Changement.*

Les Epées renversées.

N°. 50. le Roi d'Epée , *Homme méchant.*

N°. 51. la Dame ; *Méchante femme,
colérique, pigrièche , bigote , un diable à
la maison.*

Nº. 52. le Chevalier. *C'est un fat,
n'ayant à la bouche que des sarcasmes
qu'il rapporte des tripots , des taba-
gies ; enfin des lieux qu'il hante ; car
de sa nature* ANTIPHIBOLOGIQUE *, c'est
un ignorant* (13).

Nº. 53. le Valet. *Imprévue* (14).

Nº. 54. le 10. *Evénement fâcheux ,
qui tournera à profit.*

Nº. 55. le 9. *Se défier, ou Juste défiance* (15).

Nº. 56. le 8. *Trahison passée* (16).

Nº. 57. le 7. *Sages avis* (17).

Nº. 58. le 6. *Déclaration d'amour.*

Nº. 59. le 5. *Deuil.*

Nº. 60. le 4. *Economie* (18).

Nº. 61. le 3. *Effet égaré.* (19).

Nº. 62. le 2. *Amis inutiles* ou *faux
amis*, ou *parents peu utiles* (20).

Nº. 63. le 1. *Grossesse.*

Les deniers renversés.

Nº. 64. le Roi des deniers, *Hommes
vieux , & vicieux.*

Nº. 65. la Dame , *Mal sûr* (2 1).

Nº. 66. le Chevalier , *Brave homme , sans emploi.*

Nº. 67. le Valet , *Prodigue* (2 2).

Nº. 68. le 10. *Loterie* *).

Nº. 69. le 9. *Duperie.*

Nº. 70. le 8. *Usure.*

Nº. 71. le 7. *Inquiétudes* (2 3).

Nº. 72. le 6. *Ambition.*

Nº. 73. le 5. *Manque d'ordre.*

Nº. 74. le 4. *Clôture* (24):

Nº. 75. le 3. *Enfant.*

Nº. 76. le 2. *Lettre.*

Nº. 77. le 1. *Bourse d'argent.*

Reprenons nos 24 petits Numéros.

(1) *Départ* , n'est pas une figure ;
mais le départ de la Carte qui la suit.

(2) *Arrive* , Idem.

☞(*) J'ai traduit le Loto des Indiens, que j'ai
mis au jour; mais croire que les fonds du Loto
vont suivre celui qui fait l'opération , c'est
une erreur; il faut pour y réussir sçavoir bien
faire la régle ; & mieux, la sçavoir bien
lire ; ce qui est assez facile.

(3) *La Pensée* ; on voit fur qui elle tombe ; exemple, 54, 53, 43, on dit : vous efpionnez quelqu'un pour lui faire verfer dés larmes, &c.

(4) *Le Paſſé* : fi on voit 18, 44, on dit, dans le paſſé vous avez commis une affreufe perfidie, dont vous devéz avoir mille remords ; ou au contre, 44, 18, 51 (ce dernier nombre renverfé) : Une méchante femme vous a trahi dans le paſſé.

(5) *Ennui* * ; 56, 46, votre ennui vous fera, ou vous fait, ou vous a fait tomber malade ; car il faut toujours voir quel tems eſt marqué dans les lames qui font venues : 46, 56, votre maladie vous porte trop à l'ennui.

(6) *Veuvage*, n'eſt pas une figure, mais purement un événement : 8, 51, 1, l'Homme mourra avant la femme : 1, 51, 8, le Mari reſtera veuf : 8, 1, 51, ils iront tous deux à la queue du loup, le Mari prenant le pas.

—————————————————

(*) Voyez à inquiétude.

(7) *Amant* ou *Maîtresse* : lorfque les lames font tirées pour un homme, & que 75 eft fortie, c'eft une annonce qu'il a une Maîtreffe ; ainfi, pour une femme, on lui dit qu'elle a un Amant.

(8) *Défunion.* Il faut voir fur quoi ce hiéroglyphe porte ; fi c'eft défunion avec fa Femme, avec fa Maîtreffe, avec l'argent, &c.

(9) *Fauffe Nouvelle.* Il faut voir de qui elle viendra, fur quoi elle portera, ou a porté.

(10) *Barre* ; 26, 35, vous remportez la victoire fur les empêchements : 35, 26, c'eft le contraire.

(11.) *Surprife* ; 49, 34, vous ferez furpris par un changement : 47, 49, 34, il fera heureux : 54, 49, 34, il vous fera pleurer. *Notez bien,* que fi vous lifez cet Ouvrage fans avoir fous les yeux les hiéroglyphes, c'eft peine perdue ; car vous ne pouvez entendre ce que je dis, & encore bien moins ce que je dois paffer fous filence.

(12) *Prêt à perdre* ; 77, 49, beaucoup

coup d'argent ; 62 , 40 , de faux amis , ou des parents inutiles.

(13) *Un Fat*, qui se moutonne , se caresse , & *un Sarcassien* , nommé chien argneux , sont ordinairement des sots qui n'ont libre entrée que chez les imbécilles & les mal honnêtes.

(14) *Imprévue* : 74 , 53 , un présent non attendu : 19 , 53 , c'est un revers ; la misere imprévue qui viendra tout-à-coup nous tenir compagnie , tel à ces hommes qui , par paresse & sans fortune, vivent momentané de la *charité* des uns , & de la *duplicité* des autres.

(15) *Juste défiance*, c'est la mere de sûreté : autrefois les Egyptient disoient , ne parlez jamais contre les hommes, ni contre les Dieux (*) : aujourd'hui il faut davantage, c'est-à-dire, qu'encore que l'on ne dise rien, il y a des hommes plus méchans que les démons , qui vous accusent d'avoir mal-parlé; & il est juste de

____

(*) Contre les Dieux étoit une maniere de parler commune aux Anciens Peuples ; car les premiers Egyptiens n'admirent jamais la pluralité des Dieux ; consultez le Pymandre,

dire ce que je sçais , à cet égard , pour le bien général de la Société.

J'eus occasion de connoître un homme en 1771 , qui , sans l'en prier , me dit : je vis des rapports que je fais au Bailli de mon Village , & comme il me les paye à la douzaine , quand je n'ai rien à dire contre les Paysans , sur ma foi , arrive qui plante , j'en invente contre eux , & je suis bien aimé , & bien payé. Je lui dis , le Bailli est un sot , & vous un infâme.

(16) *Trahison passée*: ce hiéroglyphe porte avec lui le signe du passé , & j'avoue que je n'ai pas encore pu saisir le sens des Egyptiens , relativement au signe du passé; mais enfin 56 , 62; *dans le passé* , vous avez été trahi par l'amitié ; 62 , 56, *dans le passé* , vous avez trahi l'amitié que l'on avoit pour vous ; 20, 56 , vous avez été trahi dans la fortune, &c.

(17) *Sage avis* : on voit de qui il vient & en quoi.

(18) *Economie* : est-ce relativement à la santé ou à la fortune?...

(19) *Effet* ; papier, bijoux, ne font point perdus ; mais feulement égarés.

(20) *Faux amis, parents inutiles.* Lorfque pouvant être utiles, ils font durs, avares, ou ignorants, jufqu'au point de ne pas nous prévenir dans notre indigence, ce font des hommes à fuir, & à détefter ; car fi on fixe les regards fur eux, ils feignent fouvent de vous plaindre, & en arriere ils s'oppofent à tout ce qui pourroit vous foulager.

(21) *Mal fûr* : 65, 31, il n'eft pas dit que vous aurez un Procès ; 31, 65, il n'eft pas fûr que vous auriez gain de votre Procès ; ou fi vous en avez un, il y a mauvaife fûreté pour le gain.

(22) *Prodigue* : il faut confulter la lame qui fuit, pour fçavoir en quoi on eft prodigue.

(23) *Inquiétude* : je n'avois jamais entendu définir l'inquiétude, comme je le lis dans le Livre de *Thot* (*).

____

(*) L'inquiétude qui ne provient que de l'ennui, eft le partage des hommes inutiles à la Société.

(24) *Clôture* : une affaire cloîtrée n'eſt pas perdue ; mais, comme les Procès, accrochée. Dans ce cas on conſulte dans le Livre de *Thot* pourquoi , & on en trouve la raiſon.

Les ignorants operent mal en tout ce qu'ils font ; mais il n'en eſt pas de même des hommes inſtruits : ainſi les Egyptiens prenoient le Livre de *Thot* , le mélangeoient en tout ſens , ſans qu'ils viſſent les Hiéroglyphes, & ils faiſoient couper ce Livre en deux par leurs Conſultans , & alors ils prenoient la premiere Carte , & la mettoient en B ; la ſeconde en A , & la troiſieme ils la reportoient ſur B. (Soit ici B. A.) La quatrieme alloit en B. ; la cinquieme en A , & la ſixieme en B. Enfin , la ſeptieme en B , ainſi juſqu'à la fin. De maniere que ſur A , il y avoit 26 lames , & ſur B 52.

Avec les 52 , ils recommençoient la premiere opération (ſur D. C.), & il ſe trouvoit ſur C 17 lames , & ſur D 35 ; ils mettoient encore de côté les 17 ;

& avec les 35 restantes , ils recommençoient l'opération F E ; de maniere qu'il venoit en E, 11 lames ; & en F , 24. Il se trouve que A $=$ 26. B $=$ 0. C $=$ 17. D $=$ 0. E $=$ 11. F $=$ 24 ; mais ces dernieres n'étoient pas interprétées (*).

Ainsi, prenant A, ils lisoient lame à lame (de droite à gauche , dont l'esprit est du tout à ses parties ,) ce qu'elles annonçoient , & ensuite ils prenoient la premiere, & la faisoient parler avec la 26e lame. A étant finie , ils interprétoient C, & enfin E.

Lisez la Cartonomancie , troisiéme Edition de 1782 ; elle vous donnera la marche entiere, quoique le *Etteilla* ne soit , je l'avoue, qu'une copie d'après les Egyptiens, ainsi que la Steganographie de *Trithème*, de même que la Théorie de *Raimond Lulle*, toutes copies, dis-je, du Livre de *Thot*, ou pour parler à tout

____

(*) Notez qu'à chaque opération , il faut toujours mélanger à tête-bêche, & couper.

le monde, des Cartes nommées *Tarots.*

Leur deuxieme opération étoit de tirer trois fois 7 lames, qu'ils arrangeoient en cette sorte :

7. 6. 5. 4. 3. 2. 1. A.
7. 6. 5. 4. 3. 2. 1. B.
7. 6. 5. 4. 3. 2. 1. C.

Si *A* ne répondoit pas à leurs questions, ils retiroient dessous sept autres lames, 7. 6. 5. 4. 3. 2. 1. *A*. Si cela ne répondoit encore rien, ils retiroient encore sept autres lames, 7. 6. 5. 4. 3. 2. 1. *A* ; & ils en faisoient autant pour B & pour C, s'ils n'avoient pas trouvé de solution, ou de pronostics affirmatifs. Si ces répétitions ne disoient rien, ils engageoient les Questionnants à prier les Dieux, à changer de conduite, & enfin à revenir le lendemain, ou quelques jours après.

Leur troisieme opération étoit *considérable,* & à considérer. Après avoir battu & fait couper les 78 lames, ils en formoient deux colonnes, & un

chapiteau , qu'ils appuyoient fur le haut
des deux colonnes , & enfuite fans re-
battre les lames , ils formoient une
roue , obfervant dans cette marche de
retirer le 1 ou le 8, fuivant le Sexe qui les
confultoit ; Lorfqu'il venoit , ils plaçoient
ce premier, ou ce huitiéme Hiéroglyphe, au centre, comme on le voit, ainfi
que toute la figure

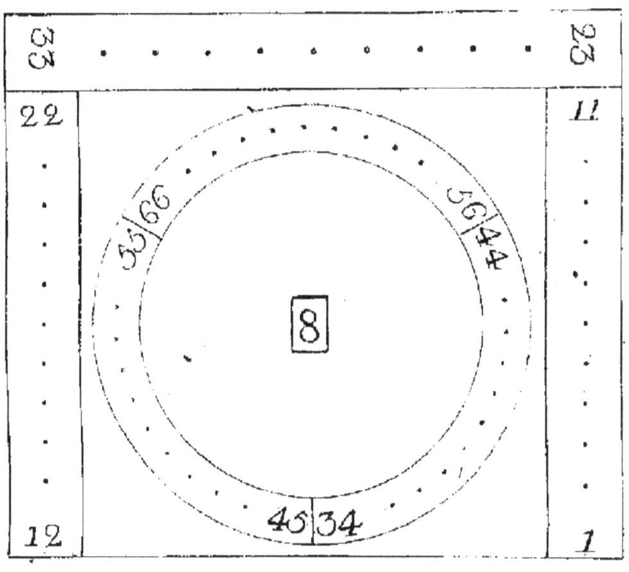

La premiere Carte venue , ils la mettoient à l'1, ainfi de fuite jufqu'à 1 1. Ils
mettoient la douzieme Carte au nombre

B iv

(32)

88, & ainfi les autres jufqu'à 22, &c.

1, 11, 34, 44, étoit le paffé ;
12, 22, 45, 55, étoit l'avenir; & 23,
33, 56, 66, étoit le préfent. Si le 1
ou le 8 , fuivant le Sexe qui queftion-
noit , n'avoit pas paffé, ils le prenoient
dans le reftant du Jeu, & portoient celui
qu'il falloit de ces Hiéroglyphes, au centre , tels que vous voyez , 8. fuppofant
que ce coup eft pour une femme : car 1
feroit pour un homme ; tant il eft vrai
que la diftance entre l'homme & la femme eft de fept dégrés ; c'eft ce qui fit
commettre à *Mahomet* , une erreur ,
lorfqu'il dit que les femmes font des
Ouris , qui n'entreront pas dans le Pa-
radis , mais en garderont la porte ;
n'ayant pas compris que ces fept dégrés
de diftinction n'étoient que dans le monde phyfique.

Les Egyptiens expliquoient toutes les
divifions l'une après l'autre , commençant par le Paffé ; enfuite le Préfent, &
en dernier l'Avenir ; ils prenoient donc
pour le Paffé 8 , 34 , & 1 ; & fuivant

cette marche jusqu'à 8 , 44 , & 11 , ainsi du Présent & de l'Avenir. On sent la nécessité de lire le *Etteilla* (dont le prix n'est que de 1 liv. 16 sols), si on veut entendre la maniere d'expliquer ce coup , trois Cartes à trois Cartes , en employant toujours celles du centre.

Quelquefois les Sages Egyptiens ouvroient leurs Opérations par 12 lames ; mais c'étoit toujours pour des objets remarquables , comme les récoltes , les décisions , les batailles ; ou enfin pour les Souverains de la Nation , ou étrangers, ou pour ceux qui étoient leurs commettants. Mais sortis des trois opérations que j'ai détaillées , ils en refaisoient une quatrieme ; enfin , cinq ou six à leur gré, ou dirigées par des nombres; Exemple : En relevant les Cartes s'ils voyoient un nombre bien ou mal-placé parmi les autres , ils s'en ressouvenoient , & après ce coup ils tiroient autant de lames que le nombre bien ou mal placé, &c. le leur avoit indiquées.

S'il arrivoit qu'un homme n'eût

qu'une seule queſtion à faire , & qu'elle fût juſte (car ils étoient ennemis de tout ce qui étoit vicieux , ou pouvoit porter à le devenir ,) alòrs ils tiroient purement cinq lames , *e d c b a* , toujours en allant de *a* en *e* ; ſi cela ne répondoit pas , ils tiroient 10 autres lames , & les rangoient en cette ſorte :

5 4 3 2 1.

E D C B A.

10 9 8 7 6.

& ils les expliquoient en allant de 1 à 5 , de A à E , & de 6 à 10 ; & , comme j'ai déja dit , ſi ces dix lames ne parloient pas encore , alors ils remettoient les Queſtionnants à un autre jour , les engageant à adorer de plus en plus les Dieux , & à aimer leurs ſemblables , ou leur prochain.

Il ne faut pas ſe figurer que la Divination que pratiquoient les Egyptiens , étoit la même que chez tous les Peuples idolâtres , & particuliérement les Oracles de Delphes , de Dodone , de Tro-

phonius, de Nymphée, de Claros, &
autres, qui les uns & les autres étoient
mûs par un esprit de politique ou
d'intérêt mal entendu, puisqu'il ra-
valoit la raison des hommes au lieu de
les instruire. Si l'on pensoit de même
que les Sages Egyptiens ressembloient,
relativement à la Divination, à nos prétendus Devins & Devineresses, ce seroit
une preuve authentique de l'ignorance
où nous serions tombés sur la connoissance des hommes sortis, faut-il dire,
directement des mains de la sage Nature.

Tous les Oracles n'étoient existans
que par les vues infâmes qu'avoient
les Prêtres idolâtres; je n'entre ici dans
aucuns détails; mais à l'égard des prétendus Devins, personne n'en peut mieux
parler que moi.

La Science, aux dépens d'un travail
long & pénible, faisoit jadis naître des
Devins; ou si l'on veut, des Astrolo-
gues, des Physionomanciens, des Chi-
romanciens, des Géomanciens, des

Cartonomanciens , & enfin des Savans , dans toutes les branches de la Divination ou science des résultats. Aujourd'hui c'est l'ignorance, la paresse, la misere, & l'yvrognerie qui font naître des prétendus Devins & Devineresses.

Depuis 30 ans il y en a peu que je n'aye connus, je ne dis pas seulement à Paris , mais dans la majeure partie de l'Europe. Les uns & les autres font tous montés sur le même pivot; certains qu'ils ne font point Devins , ils prennent une route pour paroître tels à leurs Consultans ; car tout le reste de la Société qui les décrit, ne leur fait rien du tout. Un trait commun à plusieurs que je vais rapporter ne tient pas à la copie, parce que je ne suis pas *démonographe*.

Lorsqu'un insensé va chez ces ignorans, l'esprit bien tendu , qu'il découvrira si ils font Devins, il ne s'apperçoit pas que c'est déjà un commencement de déraison; car il ne faut, en allant chez un savant , ou chez un ignorant , aucune préoccupation : se mettre sur ses gardes avant que son ennemi ne soit arrivé , je dis pour se battre de seul à seul, c'est une *nicolade*, qui annonce le vaincu, ou au moins la crainte puérile de ne point être vainqueur.

Arrivé chez la prétendue Sorciere, mon adroite ignorante reçoit brusquement l'Homme réfléchi, & le met entre deux feux : d'un côté, elle lui dit : Monsieur, *avant trois jours vous pourriez bien aller en prison*; & de l'autre côté; Monsieur, *si vous vous y prenez adroitement, voilà une riche fortune qui ne peut vous fuir.* Mon Savant est-il assez fort pour soutenir ces chocs si opposés l'un à l'autre ? On lui offre le troisiéme moyen de le vaincre. *Quelqu'un qui vous intéresse va mourir subitement.* Voyons, dit notre Champion, avec un peu d'ordre, ce que vous me dites : 1°. Est-ce que j'ai des ennemis ? 2°. Est-ce que je réussirai ? 3°. La personne qui doit mourir est-elle ma femme, ma sœur, mon fils, ma fille, ou simplement la seule tante qui me reste ? N'allons pas plus avant, le pauvre homme en a trop dit, le Devin n'eſt pas Sorcier, non, c'eſt notre inſenſé qui n'a pas pris garde au mouvement de ſa figure, & qui vient de prononcer, Premierement, Qu'il craint des ennemis; or, voilà ſa chaîne développée. Deuxiémement, Qu'il eſt ambitieux; voilà le pivot. Troiſiémement, Qu'il eſpere un héritage; car il eût dit, *arrive qui voudra, je n'attends rien* ; mais tout en ſe remettant, ou voulant ſe remettre de ce qu'il a trop parlé il ne va pas faire attention que l'on ne va plus deviner; mais le prendre dans ſon foible, en lui annonçant tout ce qu'il voudroit déjà tenir, & en même tems, comme aux enfans, lui taper un peu ſur les doigts pour le faire jaſer, encore qu'il s'étoit bien promis de ne pas ouvrir la bouche, comme j'en ai maintes fois vu, dont la grimace ſilentieuſe me divertiſſoit.

Mais en bonne foi, rendons - nous raiſon; eſt-ce le Diable qui vient ſoufler aux oreilles du prétendu Devin, toute l'hiſtoire de notre vie ? Ce ſeroit une *bétiſe* de le penſer : c'eſt, dit un Amateur

de nos folies, la ſcience qui les fait parler ; mais ces prétendus Devins & De-
vinereſſes ſont ſi ignorans, qu'ils ne
connoiſſent pas même les lettres qui en-
trent dans leurs noms. Enfin, dira-
t on, comment, & par quels moyens
pronoſtiquent-ils des choſes qui arrivent ?
Ecoutez une vérité ; c'eſt notre ignorance qui les fait ſavans, & non la ſcience,
qui ne communique que ſur les pointes
aigues des veilles, & de la fatigue.

Tous les Sages, chez les anciens Peuples, qui ſe ſont appliqués aux ſciences ab-
ſtraites, ou hautes ſciences, n'avoient be-
ſoin de rien, ne prenoient aucun tribut ;
la Nation les conſidéroit comme ſes vrais
Sages ; elle les ſubſtantoit, prévoyoit juſqu'à leurs moindres beſoins phyſiques,
& elle en retiroit de ſalutaires avis dans
tout ce qu'elle pouvoit requérir ; car per-
ſonne n'étoit effectivement plus ſage &
plus ſavant que ces Mages.

Leur Maiſon, ou leur Temple, étoit
bien celui des Oracles ; mais il n'étoit pas
celui des offrandes, comme chez les Prê-

tres de Jupiter-Amnon , d'Apollon-Cla-
rien , & tous les autres.

Lorsque nos prétendus Devins , ont
le Livre de *Thot* dans leurs mains ,
ou tout autre objet ayant servi jadis
à la Divination , enfin ce livre scien-
tifique , où est renfermé l'Univers
entier , pour dire , à la maniere de
parler du vulgaire , la bonne aventure,
ils ne se font pas primitivement occupés
à étudier l'esprit de chaque Hiéroglyphe;
Manque d'ordre , *Usure* , *Calomnie*,
chacun de ces mots n'ont à leurs oreilles
qu'un sens , ou qu'un son. Quatre Hiéroglyphes nous donneront l'intelligence des
74 autres.

N°. 9. La Justice , disoient ces Sages , signifie *Equité* ; mais ce mot n'est
qu'un son ; car encore qu'il ne soit pas
arbitraire , au contraire fixe , il faut pour
nous donner une idée juste de tout ce
que renferme ce son harmonieux , le
décomposer , ou sans quoi l'homme pro-
noncera cent mille fois Justice & Equité,
& il n'en sera pas moins injuste.

La Justice comprend *le droit* naturel

Positif des gens : * *Droit*, des Peres de famille, du Souverain, des Maîtres, enfin des Supérieurs sur les inférieurs.

Elle comprend *le droit* de donner des Récompenses, *de commuer* la Punition des crimes, *proportionnellement* à leur Nature, *suivant* la Volonté, ou l'Action. *Considérant* la Science, ou l'Ignorance du coupable ; *ce qui se nomme* Interprétation de la Loi.

Les Parties *adhérentes* de la Justice, sont Générales, & Particulieres. *Générales*, la fuite du mal. *Particulieres*, la pratique du bien. *Celle-ci*, la Religion, *qui conduit* à aimer Dieu au-dessus de toutes choses, & son prochain comme soi-même. *La volonté* par la science de connoître ce qui est bien, & mal, Moralement & Humainement : *Moralement* en tout pays, un Dieu par-dessus tout : *Humainement*, chaque pays, chaque usage. L'action morale & Physique de la

---

* Faute de cette interprétation, on sent que l'on a souvent violé le droit des gens.

Juftice; *Moral*, être intérieurement jufte, par amour de Dieu , *ce qui ôte* la crainte. *Phyfiquement*, parce que l'on eft foi-même homme foible & fragile. Dans la Juftice, *Morale*, Dieu , la Religion, & le Salut éternel. *Phyfique* , interne , ou externe : Interne. la Dévotion & la Priere ; *Externe*, le facrifice de l'amour-propre , *ce qui porte* à recevoir le Pauvre, à panfer les Malades & vifiter les Prifonniers , pour *aider* les indigens, *comme ceux* qui ont leurs femmes & leurs enfans , fans pain , fans feu , fans vêtemens, enfin leur porter des fecours phyfiques & moraux, ce qui nous donne la grace de Dieu.

Ayant vu généralement tout ce qui eft dans l'efprit de la Juftice, *notant* que ceci n'en eft qu'un foible abrégé , on réfléchit fur tout ce qui lui eft oppofé ; & fuppofant que l'on voye un homme agir contre le droit de la Juftice , dans ce cas les Egyptiens lui pronoftiquoient qu'il en feroit rigidement puni ; ou au contraire, s'il n'opéroit qu'en raifon d'elle, ces Sages prononçoient qu'il en feroit récompenfé , & l'Oracle étoit immanquable , parce qu'aucune vue que celle de la vérité , ne les faifoit parler.

N°. 10. La Tempérance : les Egyptiens confidéroient cette précieufe vertu bien autrement que nous ; ils ne difoient pas qu'elle s'étendoit plus directement fur nos paffions charnelles , que fur tous nos autres vices ; Quelques lignes , en raifon de ce qu'ils en ont écrit dans le Livre de *Thot* , nous mettront à portée d'en juger.

La Tempérance eft une vertu qui régit le moral comme le phyfique ; elle eft nommée le Précurfeur de la vérité ; Sans tempérance l'homme porte toutes les autres vertus à un période qui les dégénerent. D'un homme qui feroit vertueux, l'intempérance en fait un maniaque, un enthoufiafme, un hébêté ; Ainfi, à plus forte raifon, combien la Tempérance eft néceffaire, généralement, dans tous nos vices, nos paffions aveugles, nos défauts, nos foibleffes, nos miferes, nos infirmités , & même dans les choses brûtes utiles à la vie phyſique de l'homme.

La Prudence prévient , mais la Tempérance intervient. La Prudence nous abandonne , mais jamais la Tempérance; qui une fois emparée de ſon ſujet, ne le quitte plus juſqu'à ce qu'elle l'ait conduit à la Force , à la Juſtice , à la Prudence , ou au tombeau.

La Tempérance à côté de l'homme criminel, ſoupire ſur ſes actions injuſtes, & c'eſt ſouvent dans le vice même où elle triomphe de lui. Après & avant l'acte, elle lui parle en Pere & en Maître; elle combat contre le vice , & pour peu qu'elle ſoit écoutée de l'homme dont elle prend la défenſe, elle terraſſe ſon ennemi, & ramene l'homme à la vertu.

La Tempérance amortit nos paſſions , nos déréglemens, ſouvent provenus d'une humeur péchante, d'un ſang corrompu , d'une pituite limoneuſe , ou trop limpide , enfin d'une bile trop douce , trop abondante , trop deſſéchée.

La Tempérance étend ſon reſſort par-

tout , & en tout ce qui eſt direct & in-
direct , utile & nuiſible aux hommes.
Un homme doit aimer le vin, le jeu, les
femmes, enfin même tout ce qui, uſé par
excès, devient vicieux : mais avec laTem-
pérance, rien de ce qui eſt modéré n'eſt
répréhenſible. Je ſuis , dit cette admirable Vertu, la Tempérance & le Tempé-
rateur de tout ce que les hommes aiment
& déteſtent. En fin , je ſuis peut-être la
ſeule débonnaire amie des hommes : la
Prudence leur parle à tous, cela eſt vrai,
mais elle ſe plaît avec les bons; mais moi
je ne quitte point les méchans : Oui,quoi-
que je ſois une émanation de la Vérité,
je ne fuis pas les hommes faux, & pour
dire. tout , je cours plus après les méchans qu'après les bons ; cette charge,
cet emploi m'eſt cruel & pénible, mais
il m'eſt donné; & toutes les fois que je
ramene l'homme à lui-même & à la Vérité, je ſuis ſatisfaite, puiſque ma ré-
compenſe ſurpaſſe mille fois mes peines.
Ceſſons d'employer la méthaphore.

La Tempérance eſt une des qua-

tre Vertus Cardinales ; Elle a particulierement en grande eſtime la Pudeur &
la Sobriété ; elle exige un travail propor-
tionné à nos forces, à notre intelligence,
& elle ſe plaît dans une ſorte de pareſſe,
nommée repos des vieillards. Elle aime
la ſolitude , mais elle y veut de l'occupation , & tous les jours un peu de ſociété. Les Egyptiens la définiſſent bien,
en peu de paroles, dans le livre de *Thot,*
en diſant , » la Tempérance eſt la Divi-
» nité qui préſide à la ſanté morale , &
» phyſique ». Elle eſt avant Apollon,
le Dieu de la Médecine, du malade , &
du Médecin , accompagnant par-tout la
Prudence qui eſt ſa Compagne.

Les Egyptiens lui ont donné deux
aîles , pour marquer ſon intelligence,
ſon activité, ſa promptitude , &c.

Les ignorans Cartiers n'ont pas con-
çu que le caractère qui eſt au haut de
ſout front , étoit le Soleil qui vient ſe re-
poſer ſur elle *.

---

* Les Cartiers ont cru que c'étoit ſimple-
ment de petits cercles. Cette figure ou cet
Hiéroglyphe ſert d'ornement à la tête de ce
Cahier.

Elle est vêtue, mais sa tête est absolument nue ; elle verse d'un vase à l'autre non pas de l'eau & du vin, mais la substance de l'eau transmuée en huile & en vin, & pour parler aux jeunes Disciples du grand *Hermès*, elle amalgame après la purification les deux fluides, (les eaux qui séparoient les eaux,) l'eau de dessus & l'eau de dessous, pour en arroser, en imbiber le sec qui alloit apparoître au nombre 10. que la Nature a scellé, scelle & scellera.

Il ne faut pas penser ici, que le Soleil placé sur son front y soit à dessein de l'éclairer ; Roi des Astres, il contemple son ouvrage, & celui de ses illustres Compagnons ; il est sur le front de la Tempérance, parce qu'il a parcouru le Ciel de la Prudence, de la Force & de la Justice ; Il admire ici la liqueur qu'il a vivifiée, & il se plaît à voir Epurer, Mitiger, Mêlanger, Amalgamer, *Parfait*, pour subdiviser les parties de la nuit opaque qu'il va disposer à completter le trinaire, & la Nature entiere *Ma-*

trice ou gage de la Science divine & de l'Art facré , *Repofoir* & non Germe du *Germe* qui n'eft qu'un, & que le prophane n'entend , ne touche , ni ne voit , quoiqu'il foit inféparable de lui , maître de lui , & mâne de lui ; quel dommage que ce Hiéroglyphe foit altéré ! Il ne faut plus étudier fon tout, mais quelques débris purs de ce tout, afin de le reconnoître en entier : Ho ! *Raphaël*, *Corrége* , *Guide* , *Carrache* , que n'avez-vous peint ce Tableau ! peut-être ne feriez-vous point morts ; vos *Génies* vous en euffent dicté l'efprit.

Suppofez-vous, Lecteur, voir la Tempérance ayant le pied droit fur un folide triangulaire de couleur noire comme le Jais , le pied gauche pofé fur une boule blanche comme l'albâtre , & ces deux folides affis fur une terraffe d'un rouge brun foncé.

Cette noble Vertu eft habillée à la Cananéenne , & plus fous vos yeux à l'Arabefque ou à la Turque , les bras étroitement ferrés dans les manches d'une

fubrevefte ,

fubrevefte gorge de pigeon , bordée de Zibeline; Un Manteau ou Tunique pourpre en deffus, & aurore en deffous ; Les cheveux flottans; Des aîles émaillées avec ordre , de maniere que l'on y diftinguoit fept couleurs primitives *; enfin une Ceinture or ferrant fa tunique au point de fa poitrine , & fur laquelle étoit écrit *Thot* , ainfi qu'aux autres vertus : nom dans lequel elle tire de l'efprit qui y réfide , le fien , qui , interprété , fignifie *centre* ; Le nom de cette Vertu étoit de même placé fur fa poitrine & à demi-caché par la ceinture ; Les Cartiers ont tout négligé & défiguré.

La Tempérance recommande la Chafteté dans la Virginité, le Mariage , & la Viduité ; Elle domine fur la Continence , la Clémence, la Modeftie, l'Etude, l'Affabilité, (la Manfuétude, *doux*, *facile, traitable & prévenant,*) la Mifé-

---

* Notez que les fept couleurs font fur un autre Hiéroglyphe où eft l'Œuvre parfait.

C

ricorde, l'Humilité, la Modération, la Simplicité, *& elle maîtrise* l'Ambition, la Curiosité, le Luxe, le Jeu, l'Yvrognerie, l'Amour-propre, enfin tous les Vices, comme la Prudence les prévient, & la Force qui les rend, les soumet, & livre le coupable à la Justice, qui le punit, comme elle récompense l'homme vertueux.

N°. 11. La Force donne la Magnificence, la Confiance, la Patience, la Persévérance : *ses Actes sont*, la Piété, l'Obéissance *envers Dieu*, dans les vertus Morales & Physiques. *Envers les hommes*, obéir & observer les loix humaines, Nationales & Provinciales, *ce qui s'étend* sur les Souverains, les Seigneurs, les Magistrats *& aussi envers* les Parens, les Hommes justes, les Supérieurs, les Egaux, les Bienfaiteurs, les Amis, les Pauvres, les Infirmes, les Foibles : *enfin la Force ordonne* d'avoir égard, & même d'obéir à tout ce qui est vertueux, encore que l'homme robuste pourroit par sa force

perſonnelle, ſecouer cette ineſtimable docilité , ce qui troubleroit la céleſte harmonie que le Créateur a mis entre les
Créatures : *Elle exige particuliérement*
d'être ſoumis à la vérité des Loix Divi-
nes & Humaines ; *Elle nous dicte* la Re-
connoiſſance , l'Eſtime , & la vraie Amitié. Si la force humaine s'écarte une minute de l'eſprit de la Force Divine ,
l'homme ſe met à l'inſtant entre le bras
de la vengeance céleſte , & le bras ſé-
culier de la Juſtice humaine : Etre do-
cile , renferme tout le véritable eſprit de
la force.

N°. 12. La Prudence , Dans la Con-
ſultation , le Jugement & le Commande-
ment ; *adhérent* , la Mémoire , l'Intelligence, la Science, la Raiſon, la Prévoyan-
ce , la Circonſpection , l'Adreſſe. *Elle*
veut l'Honnête ſolitude , l'Economie , le
Travail , l'Activité, la Politique , &c.

Comme les quatre Vertus Cardinales ſont infiniment liées & unies enſem-

ble , il n'eſt pas étonnant qu'elles ayent preſque l'empire ſur un même ſujet ; mais néanmoins, en réfléchiſſant, on y trouve toujours une ſorte de diſtinction : exemple ; La Prudence exige le travail pour ſubvenir aux beſoins de la vie, & la Tempérance exige le travail par la même raiſon qu'elle demande le repos, l'un & l'autre étant néceſſaires à la vie morale & phyſique.

Les Quatre Vertus Cardinales, indiquent dans le Livre de *Thot* les Trois Vertus Théologales : La Foi ; croire un Dieu, ſeul & unique, qui de rien a fait le Ciel & la Terre ; car, diſent des Sages, Votre entendement s'étant ſoumis à croire un Dieu, ſeul & unique, qui a créé le Monde, & arrangé toutes les parties qui le compoſent en leurs vrais lieux, vous eſt-il plus difficile de croire qu'il a formé ce Monde avec rien, puiſque lui-même il étoit tout ? & enfin, ne voyez-vous pas la ſeconde aſſertion certaine par la conséquence de la premiere en tant qu'il est Dieu, infiniment puissant ?

L'Espérance ; sans cette Vertu, disent les Sages, comment l'homme pourroit-il voir son Créateur, puisqu'il n'en au-roit pas l'espérance ? Ne seroit-ce pas une volonté tacite, & même formelle, qu'il renonceroit à ce bien unique, au-quel peut prétendre l'homme ?

La Charité : Cette Vertu étoit si sa-crée chez les Egyptiens, que tous les Etrangers qui alloient les voir, avoient non-seulement le couvert, la nourriture, & le vêtement; mais le sujet pour le-quel ils y étoient allé ; c'est-à-dire, les vrais principes de la Science & de la Sagesse ; ou la réponse à leur question sur leurs entreprises, ou la guérison de leurs maux : Les vrais Sages connoissent la Nature, & les Sophistes étudient l'Art.

Pour ne point embrouiller l'Ouvrage, j'ai mis ici ces Notes, que le Lecteur reportera en leur vrai lieu.

Les Charlatans trouvent tous les jours des remédes souverains pour nos maladies ; ce sont des ames cupides, des Charlatans ; car remarquez sur autrui, que si la Nature ne vient pas à son secours, qu'il est mort.

Les plus grands Médecins nous recommandent, depuis *Hippocrates* Pere de la Médecine vulgaire, la diete, & l'eau ; mais c'est avouer qu'ils sont ignorans, ils n'en sont que plus estimables : Où sont les Egyptiens, & leur liqueur *céleste astrale* ? Etudiez le Livre de *Thot*.

Chaque lettre de l'Alphabet a sa valeur A B. .... B. A, donne plusieurs prononciations, plusieurs sons, enfin différens sens ; les Hiéroglyphes des Egyptiens sont absolument la même chose. . . . .

En cherchant les rapports d'une suite de tons, je fus bien réjoui de trouver d'autres accords que je n'avois jamais entendus; ils formerent l'ensemble d'une

harmonie si mélodieuse que le ravisse-
ment où j'en fus me fit douter un ins-
tant de la vérité de ma découverte ,
& m'occasionna un saisissement de
satisfaction, qui ne fut suspendu & arrêté que par l'aspect de la mort , qui
vouloit saisir le plus heureux moment
de ma vie pour en trancher le fil......
Quel juste milieu ne faut - il pas garder, si les extrêmes de la joie & de la
douleur nous sont mortels !

Négligeant ma premiere recherche ,
je retirai promptement les nombres de
mes neuf Hiéroglyphes , & je brouil-
lai les Lames afin de ne point être sub-
jugué par la plus haute & la plus pure
jouissance que j'aye jamais éprouvée , &
je continuai mon premier travail.

L'heure de ma récréation arrivée , je
relevai mes nombres sur un des volu-
mes qui renferme ce que je trouve de
sublime, mais ne les ayant pris que dans
leur ordre progressif , tels que les voici :

9. 12. 16. 25. 28. 37. 40. 41. 49. & ignorant ce qu'est devenue la feuille volante, je ne puis, à moins de faire 362880 + 362880 + environ 181440, ce qui fait en total Neuf cent sept mille deux cent permutations diverses, retrouver ce que les premiers Egyptiens avoient écrit littéralement : Heureux, oui. Heureux, qui rangera ces neuf Hiéroglyphes comme l'ordre & l'accord de mon opération me les avoit fait rencontrer ! Voici ma derniere digression.

1°. Est, l'Orient, la Force, le Printems, 6 heures ; *l'Ange dominant*, Gabriel ; l'Homme, l'Asie, l'Enfance, la Tristesse, la Mélancholie, le Génie, l'Activité, l'Eau, les Armes, l'Ambition, & la chaîne du passé & de l'avenir, son nombre est 11.

2°. Sud, le Midi, la Justice, l'Eté, 12 heures ; *l'Ange dominant*, Michaël ; le Lion, l'Afrique, l'Adolescence, la

Promptitude , la Colere , la Bile , le Repos, le Feu, l'Agriculture , la Richesse , & la chaîne du présent & de l'avenir , son nombre est 9.

3°. Ouest, l'Occident , la Tempérance , l'Automne, 18 heures ; l'*Ange dominant*; Raphaël , l'Aigle, l'Amérique , la Jeunesse , le Trouble , le Sang , la Joie , l'Affabilité, la Réflexion , l'Air, le sein des Villes, la Pauvreté , & la chaîne du passé & de l'avenir , son nombre est 10.

4°. Nord, Septentrion, la Prudence , l'Hyver, 24 heures ; l'*Ange dominant*, Uriel ; le Bœuf, l'Europe. La Vieillesse , la Douleur, la Pituite , la Stupidité, la Paresse, la Terre , la Finance , la Médiocrité, la Mort, & la chaîne du présent & du passé , son nombre est 12.

Il seroit à propos de démontrer comment les Egyptiens devinoient par le Livre de *Thot*, à la maniere Astrologique ; mais toujours je vais en pro-

mettant, & dis en attendant leur disti-
que à ce sujet.

*Le Ciel surpasse en beauté toute in-
telligence humaine,*

*Art, Science, & Sagesse sont les pre-
mieres qualités dont doivent être pourvus les vrais Cartonomanciens.*

Fin du Troisiéme Cahier.

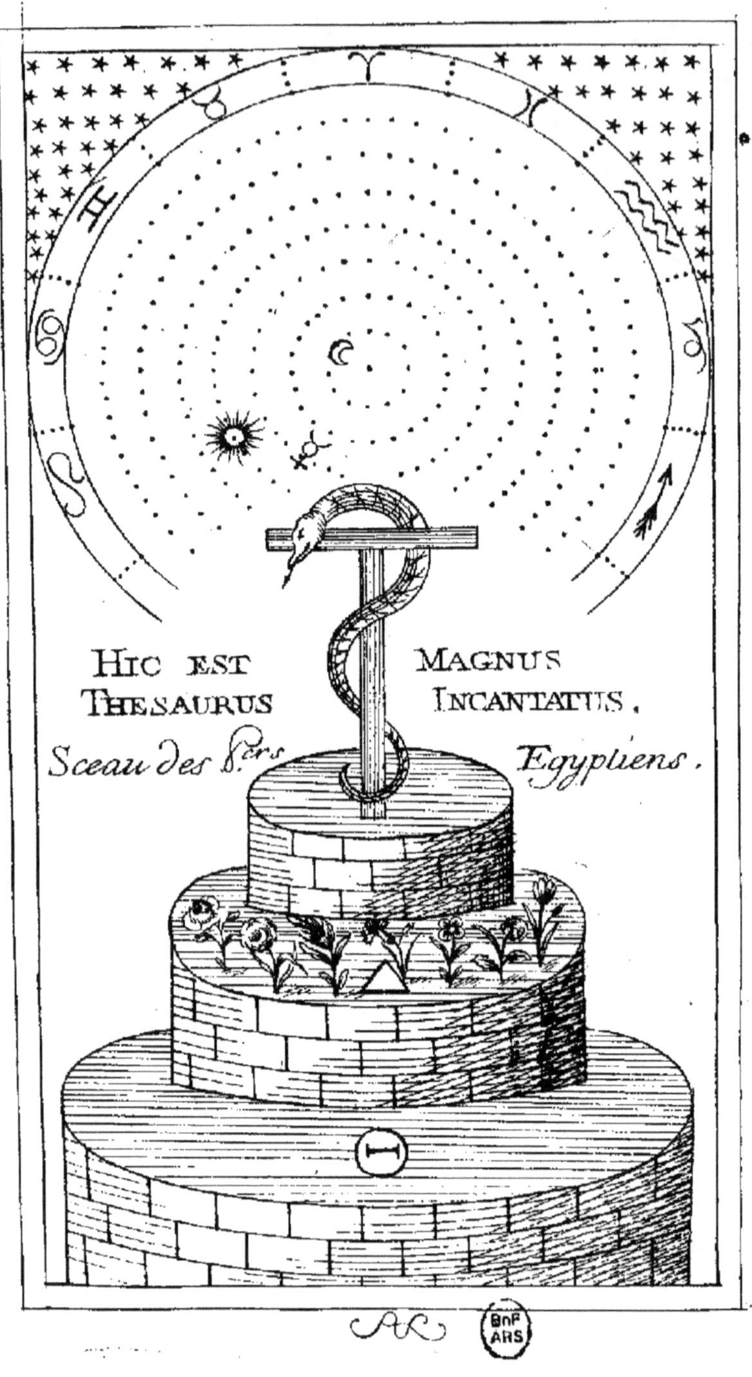

HIC EST MAGNUS
THESAURUS INCANTATUS.
Sceau des Pers. Egyptiens.

SUPPLÉMENT

A U

TROISIEME CAHIER

De la maniere de se récréer avec le Jeu de Cartes nommées TAROTS.

ON a souvent reproché aux Philosophes qui ont traité des sciences occultes, d'être trop abstraits ; & l'on se seroit tout-à-fait persuadé qu'ils ne l'étoient que parce que ces sciences étoient fausses, si ceux qui ne se sont pas rebuté, ayant trouvé la vérité, n'avoient dit, pour la rendre sensible à tous les hommes, que les sciences que l'on entendoit par occultes, n'étoient purement, à l'égard de la science & des Savans, qu'une connoissance

D

plus parfaite de la Nature , que celle que peut nous procurer la Physique, dont les bornes font fixées au fecond & au troifiéme degré de la matiere; le premier & le plus haut degré offrant fa fubftance , & étant le propre de la Physique-Philo-fophique.

Les Philofophes n'ont donc paru abftraits , & même fouvent diffus , que parce que leurs Ecrits traitoient d'une nature imperceptible ; que parce que ce magnétifme univerfel, fubftance palpable , mais fubtile de la Nature , ne frappoit pas nos fens comme la matiere; & dans le fecond degré, comme le fel , le foufre & le mercure que nous tirons d'elle par de plus ou de moins juftes extraits.

J'ai dit dans le premier Volume, que nos Philofophes cherchoient à s'élever au-deffus de la matiere , en remontant par leur travail & leurs peines infatigables à fa fubftance , afin de reconnoître l'efprit qui meut cette matiere : J'ai dit qu'en s'élevant au deſſus de la Phyſique, ils évitoient de tomber dans les précipices qui bordent la Métaphyſique ; & enfin, comme je m'expliquerai, que la ſage Cabale, qui eſt une réunion, ou le terme propre à exprimer la réunion, & ſi l'on veut, le ſommet de toutes les ſciences cachées & viſibles, avoir d'un côté la Phyſique qui nous conduiſoit vers elle ; & de l'autre, la Métaphyſique avec laquelle nous concertions pour avoir accès auprès de la Souveraine des ſciences humaines : la ſage Cabale.

Pour juger juſte des hautes ſciences, il ne faut pas, comme on a toujours fait, leur donner ce qui les ſurpaſſe, ni être prévenu que par elles, quelques hommes ne peuvent point opérer des effets merveilleux, plus que d'autres qui ne les ont point étudiées. Il faut, la raiſon y engage, que tous les hommes ſuivent l'ordre qui conduit vers elle : être bon Phyſicien, j'entends poſſéder au moins théoriquement, & beaucoup de choſes eſſentielles prati-

tiquement , les sciences que nous nommons vulgaires; ce terme dans ce sens
devant toujours s'entendre des sciences communes à tous les hommes ; &
lorsque l'on est venu au point d'être
ce que l'on nomme humainement universel (1) , on s'occupe d'une sage
Métaphysique; je dis à juste titre d'une
sage , ou avec cette sagesse qui engage
l'esprit humain à ne point porter offen-
sivement ses vues sur des questions qui
ne lui sont point propres , comme,
qu'est Dieu , qu'est l'ame , qu'est l'infini ; mais assez légitimement sur celles-
ci , qu'est la Nature , quelle est sa tis-
sure , sa chaîne, ses trois qualités ho-
mogènes , & son hétérogénité ; car il
est incontestable que la Nature est di-
rigée par un Etre, qui n'est point elle ;

____

(1) En lisant plusieurs Ouvrages modernes , je ne puis qu'être étonné de ne connoître en Europe qu'un très-petit nombre de sages Cabalistes ; & je ne serois point sorti de
ma surprise si je n'avois pas fait trop souvent
la r de épreuve , que j'allois chercher loin
la vérité qui m'environnoit.

& comme nous n'allons point contre le fublime ordre, en mettant des intermédiaires entre le Moteur & tous les Etres, entre les caufe & les effets, parce que cela eft en tout fenfible, & en conféquence, comme a dit *J. Locke*, pénétre notre ame ; alors, dis-je, nous nous rendons raifon de ce qui échappe à l'entendement de celui qui, en examinateur peu réfléchi, paffe de la Terre au Ciel ; comme fi entre ce Ciel, fuppofé des Aftres, & notre terre, il n'étoit pas d'intermédiaires, dont je n'offre ici pour le prouver que l'étendue.

Un des plus grands obftacles que j'ai remarqué arrêter les progrès des jeunes Difciples dans les hautes fciences, c'eft leurs défirs trop précipités d'opérer des merveilles avant d'être parvenus au développement de la branche qu'ils fuivent ; & fans m'arrêter à ces ignorans faifeurs de *cercles*, le plus grand empêchement qui s'offre aux hommes faits, c'eft-à-dire, à ceux qui ont reconnu que la matiere ne pouvoit avoir de mouvement par elle-même , c'eſt qu'en cherchant à reconnoître ſa ſubſtance , ou ſon plus pur degré de Phyſique , & l'eſprit qui lui donne la vie , le mouvement , de ſe jetter à eſprit perdu dans la Métaphyſique , qui les captant , leur fait oublier leur unique point de vue.

Pour pénétrer à la Cabale, que tous les hommes peuvent concevoir , comme le *nec plus ultrà* des ſciences humaines , il faut une étude primitive de toutes les ſciences ; il faut de la ſageſſe , de la ſimplicité , de la pénétration , du jugement , de la docilité , un abandon abſolu des préventions que l'ignorance nous a inſinuées , & enfin , ce que je ne ceſſerai de répéter d'après tous les Philoſophes , il faut avoir dans l'une de ſes mains la Phyſique , dans l'autre la Métaphyſique , & ſur ſon front la ſage Cabale , la ſageſſe demeurant toujours au centre qui eſt le cœur ; centre que vous découvrirez dans toutes vos opérations, si vous foulez l'ignorance à vos pieds.

N. B. C'est sur des Principes physiques que les sens peuvent s'appuyer ; c'est sur des Principes intellectuels que l'esprit humain peut se lier à l'esprit de la Nature, qui lui développe sa marche, ses Causes, & ses Résultats ; enfin, c'est sur des Principes spirituels, que nous nommons quelquefois célestes & même divins, que la vérité se découvre à nous; il s'en suit nécessairement que, sans une parfaite connoissance de ces trois Principes, suivant le régne & suivant la branche de la sage Cabale que vous suivez, il est impossible d'opérer des merveilles & de devenir Philosophe, ne croyant pas devoir même estimer tels ceux à qui sans étude, la Nature permet quelquefois de trouver l'Agent & le Patient propres à faire naître ce que nous disons merveilles, mis à la portée humaine.

Le Principe Physique d'un nombre, est le nombre même ; c'est-à-dire, que le Signe ou le Caractère **2** est le Principe démonstratif du nombre. Le Principe intellectuel du nombre 2, est sa propriété, non pas numérique qui est l'ame du Principe physique, mais propriété intelligente qui est l'homme, parce que la propriété intellectuelle du nombre 2, est l'homme, & parce que le nombre de l'homme est 2, dont l'Agent est 1, & le résumé résultant de l'Agent 1 sur le Patient 2 est 3. (1)

____

(1) Eloignez-vous, je vous en prie, de tout contre-sens vulgaire qui croit que le discours produit les nombres : le discours est produit par la maniere de voir, de sentir, de toucher ; mais cette maniere n'est pas la même chez tous les hommes : ce qui est sensible pénétre l'ame ; mais l'ame, l'esprit, les cinq sens, enfin la science & l'application que font les hommes de telles ou telles choses sensibles, souffrent plus ou moins d'altération ; tel voit une savante esquisse en peinture, où un autre ne découvre qu'un caractère farouche de traits & de couleurs hasardés : enfin le discours, on en doit convenir, flotte sans cesse entre la vérité & le mensonge ; il n'en est pas de même des nombres, $2 \times 3 = 6$. Ainsi de même dit-on que le tout est plus grand que la moitié, &

Il ne vous reste plus à reconnoître que le Principe céleste ; l'ayant trouvé, vous verrez que l'homme peut opérer des merveilles par la science des nombres, parce que lui-même, homme, aura trouvé son nombre, le nombre de l'Agent ; & sous une autre vue que celle que je viens de tracer, le nombre du Patient sur lequel il peut opérer, mais dont lui homme sera dans tous les cas, en ce qui sera à la portée humaine, l'intermédiaire.

Les trois Principes trouvés, la trituration est d'autant plus facile, que Na-

---

que le $\frac{5}{6}$, parce que les nombres forcent tous les hommes à en être certains ; c'est donc une étude à refaire aujourd'hui pour concevoir que le discours doit découler des nombres, & non, comme on le croit, les nombres du discours : combien de milliers d'ans les nombres étoient avant les sons, l'articulation & l'arrangement de ces sons qui expriment encore mal tout ce qui se passe en nous ! 1. 2. 3, &c. me parlent ouvertement & ne me laissent rien à désirer. Si je dis aujourd'hui 1, mon esprit, demain, dans dix ans, ne me dira point 2, mais toujours 1.

D v

ture , toujours guidée par la vérité , s'offre fenfiblement de telle maniere que vous formiez vos Tableaux.

Dans ce que je viens de dire, vous devez y découvrir la maniere commune & celle Philofophique des Anciens dans leurs opérations numériques dont a parlé favamment feu *M. de Gébelin* (1), en difant que les premiers Egyptiens, & beaucoup des anciens Peuples , comptoient du tout à leurs parties; tel, fuppofé, le cercle qu'ils voyoient entier fous les nombres 12, 360, &c. & comptoient en diminuant 359,... & enfin, par invers, comme nous comptons aujourd'hui des parties 1. 2. 3, à leur tout 360.

Si, comme chez les premiers Egyptiens, & chez ceux des fages Chaldéens, des Perfans, des Grecs, des Arabes, & autres Nations , nous avions des Ecoles où on traitât pour derniere claffe de la Phyfique occulte, ou Phyfique-Philofophique , dont le fond eft ja fcience des Caufes, qui met en ac-

____

(1) Voyez à la fin de ce Supplément.

tion la matiere , à quinze ans nous
commencerions à épeler l'alphabet des
vrais Philofophes ; à trente ans, nous
lirions couramment leurs Livres ; & à
quarante-cinq ans , celui de la Nature
dans fes myftères les plus occultes :
mais c'eft une vérité connue, les hommes
commencent toujours trop tard à croire aux hautes fciences , je dis à les voir
dans leur jufte taux (1), ne fixant dans

____

(1) La Divination , proprement nommée
humaine , n'eft pas une fageffe prophétique ,
ni un art tirant fa fource de l'efprit contraire
à celle-ci ; elle n'eft pas non plus une éxal-
tation de l'efprit humain , tel il advient de
fois à autre à des hommes qui pronoftiqnent
ce qui arrivera fans pouvoir fe rendre raifon
pourquoi ils ont parlé ainfi ; elle n'eft pas
non plus l'effet du preffentiment donné à tous
les hommes , & qui mériteroit une folide
étude , ni cette force d'efprit qui paroit quelquefois dans un moribond.

La Divination humaine , telle que tous les
hommes raifonnables doivent l'entendre ,
eft une fcience toute naturelle , acquife
par de profondes études propres à la Divination , tels font les nombres , la Géométrie ,
la perfpective pratique & fpécieufe , &c.

La fuite de ces études propres à la Divination font l'Aftrologie qui conduit à être

leur premier âge mûr, que les contes ridicules qu'on leur a faits dans leur enfance, ou les ſupercheries des Joueurs de Gibeciere.

Les hommes ne réfléchiſſent de même que dans un âge où ils ne peuvent preſque plus ſe laiſſer corrompre par les Sophiſtes ; que tous les grands Philoſophes, ſans en excepter un ſeul, n'ont été ni aſſez ineptes, ni aſſez perdus pour avoir dit & écrit ſans une entiere

---

un bon Aſtrologue, &c. de la Phyſionomie, de la Chiromancie, de la Cartonomancie, qui chacune conduiſent à la Divination dont ces principes & autres ſont combattus faute de connoître les deux autres principes indiqués dans ces différens principes matériels.

C'eſt de la poſſeſſion des trois Principes requis & ſoumis à l'entendement du vrai Philoſophe, que naît ce que l'on nomme communément enthouſiaſme, qui rend hardi à pronoſtiquer la vérité ; mais il faut bien ſe défier du piége de la fauſſe enthouſiaſme, qui veut l'imiter, & ſe remémoirer qu'un ignorant peut ſans une vraie enthouſiaſme être hardi à prononcer ce qui lui vient à la bouche, tel fut celui dont j'ai parlé dans l'Epître à M. *de Gébelin*, 1784.

certitude , que les hautes sciences , telles que tout le monde les entend aujourd'hui , étoient réelles : enfin , je dis que la majeure partie des hommes devenus singulierement profonds , apperçoivent souvent trop tard , que la Divination , comme beaucoup de sublimes branches de la Cabale , sont dans la Nature , & que *Socrate* , *Thalès* , *Pythagore* , *Démocrite* , *Aristote* , *Augustin* , *Thomas* , enfin sous nos yeux les plus grands hommes (1) , n'ont pu & ne peuvent prendre plaisir à passer dans l'esprit de la Postérité pour des enthousiastes , pour des insensés , en un mot pour des imposteurs , & pour relever les derniers doutes : objectant contre ce sentiment , je dirai que la Postérité auroit tort de confondre les Savans de notre siécle , les hommes plus que suffisamment éclairés ,

---

(1) Beaucoup de personnes ne savent point lire. *M. de G.....* Il est plus facile d'apprendre à écrire que d'apprendre à lire.... *Etteilla.*

avec ceux qui , par un vil intérêt, ou une crapuleuse ignorance , suivent encore le torrent du mensonge. Or , si *Socrate* , à qui vous n'avez pas encore osé arracher la haute qualité, le surenom de *Sage* , a dit , comme il est véritable , que pour pénétrer dans les sciences plus qu'humaines , c'est-à-dire plus hautes que celles que tous les hommes suivent , il falloit s'appliquer à la Science Divinatoire , il est injuste de penser qu'il n'a tenu ce langage que parce que le vulgaire croyoit à la divination , & que ce Sage n'a prononcé cette sentence émanant de la Nature , que par condescendance pour le goût de son siécle : il est donc plus vrai & plus naturel d'estimer que *Socrate* a été de ce sentiment , parce que finalement il avoit été un des propres sujets sur qui la divination avoit eu lieu , & enfin parce que son génie lui avoit démontré qu'il étoit des sciences hautes dont le vulgaire ne pouvoit être pénétré , parce qu'il n'en avoit nulle véritable notion , & point d'étude.

En général , toutes les Sciences nommées occultes, & ici la Divination, ne sembleront jamais aux hommes vraiment doctes, qu'une sublime fiction. Que répondre à un raisonnement aussi que subtil , puisqu'on affecte d'ignorer que *Socrate* qui ne se donne pas pour Devin , admet la Divination ? Enfin , que répondre à cet entêtement qui ôte à tous les plus grands Philosophes, & à ceux qui ont été convaincus par l'évidence de leur réalité , cette sincérité commune aux honnêtes gens ?

Si ceux qui ont protesté de vive voix & par écrit (1) que les sciences occultes

____

(1) Je proteste avoir connu des hommes qui m'ayant dit des injures de plusieurs de nos Philosophes, en ont été vivement pénétrés lorsqu'ils ont eût lû , volontiers par complaisance, deux ou trois de leurs Ouvrages : lisez les , j'ose vous en supplier , afin de vous convaincre si les Ecrivains que vous avez chéris toute votre vie , ont développé la Nature comme eux , malgré qu'ils les ayent pillés. On a bien lieu d'en vouloir à un homme de Lettres lorsqu'il dénigre les Savans dont il doit un jour devenir l'Emule !

étoient réelles, & nécessaires à la Société, n'étoient que des hommes ordinaires, malgré que nous soyons certains que ces sciences sont véritables,
nous resterions encore dans le silence;
mais ces hommes ont été & sont encore nos Maîtres & ceux de tous les
Savans en tout genre qui existent; cela
est si vrai, que dans les sciences qui
paroissent nouvellement découvertes,
nous en trouvons sur le champ l'esprit
dans ce qui nous a pu être transmis des
anciens Peuples;& parmi ces Peuples anciens, la raison nous force de croire
qu'elles furent trouvées ou au moins dirigées par les Mages, si la Nature s'é-
toit plu à en faire part au prime-
abord à quelques hommes ordinaires;
& enfin que ces Mages étoient, comme
on le sait, entierement occupés aux
sciences abstraites.

Que quelques hommes de tous les
tems ayent bien écrit de quelques
sciences vulgaires, & qu'en même tems
entichés de la matiere, ils ayent com-

battu fa fubftance & l'efprit qui lui donnoit le mouvement, la forme, la propriété, cela ne peut être qu'un témoignage de leur ingratitude envers l'Agent de la Nature, & les vrais Philofophes dont ils avoient pris & adopté ce qui leur convenoit, en rejettant ce qu'ils ne pouvoient entendre, ou ne vouloient pas accorder, afin de paroître nouveaux : mais revenons à la juftice que nous devons rendre à tous ceux qui nous ont témoigné qu'il étoit des fciences que par expreffion ils nommoient furnaturelles, ou fuper-naturelles, & comme je viens de le dire, plus qu'humaines ; je dis par expreffion, car ce feroit une ineptie de penfer feulement qu'il arrive quelque chofe de furnaturel, & enfin qu'il eft des chofes qui furpaffent la Nature : il n'y a rien dans la Nature & dépendant d'elle, qui foit plus merveilleux qu'elle ; & les divers arrangemens que prennent de fois à autre fes parties dans des fentiers peu frayés, ne peuvent que produire des effets plus rares les uns que les autres ; mais il n'est rien qui la puisse surpasser. A l'égard de la volonté, de la Puissance de son Auteur, c'est un tout autre objet au-dessus de la Nature & de la Science humaine.

Demi-Savans, qui doutez qu'il soit des hautes Sciences, & qui pour trancher court, les appellez des fictions philosophiques, que faut-il faire pour vous convaincre, qu'un homme peut opérer plus que vous dans ce qui n'est pas matériel physique au second & au troisiéme degré de la matiere ? car à l'égard de ceux-ci vous en êtes assez convaincus, en considérant qu'à son troisiéme degré un Taillandier forge mieux une enclume que vous ; & au second degré, qu'un Géomètre calcule au-dessus de vos idées, comme un bon Poëte a plus que vous l'esprit de la Poésie, &c. &c. Il faut, dites-vous, opérer des merveilles dans les hautes sciences, dont les causes nous soient incompréhensibles : mais, on vous dira,

fans recourir au premier degré de la Nature , la Phyfique dans fon fecond degré vous offre tous les jours des effets
dont les caufes furpaffent votre entendement. Il faut , direz-vous enfuite ,
que tous nos fens foient furpris : mais ,
continuerat-on , il ne fuffit que d'un
fimple Joueur de Gibeciere pour les
mettre en déroute.

Hommes peu réfléchis, voilà la vérité;
il faudroit faire ce qui n'eft pas de la puiffance humaine ; & encore diriez-vous :
oh ! je vois bien comme cela fe fait; malgré que vous n'auriez pas même appris
comment & pourquoi il eft que ne fa-
chant rien , vous voulez tout favoir , &
par fuite néceffaire , condamner tout ce
que vous croyez impoffible d'être fçu.

Ce feroit peu de vous tancer, fi je
n'avois pas dans les fciences que vous
révoquez , que vous nommez chimé-
riques, plus de talent que vous : mais ,
à dire le vrai, je les ai étudiées depuis
trente ans avec amour , avec goût ,
avec fimplicité , & avec des fatigues

incroyables , tant l'ignorance les a affu-
blées de vêtemens qui ne leur conviennent pas : enfin, puisqu'il ne s'agit,
comme vous le dites tous les jours, que
d'opérer des merveilles devant vous ,
pour réintégrer la mémoire & le jugement des Grands Hommes , j'y con-
sens.

La branche des Sciences occultes
que je suis par-dessus toutes les autres ,
à la connoissance de mes plus anciens
amis, de toute ma famille, & de plus
de mille personnes en Europe, est particuliérement la Divination ; or, je suis
ou au moins je dois être l'un des plus
grands Devins de ma Patrie , si cette
sublime science est, comme je la main-
tiens , véritable.

Allez-vous , avant que je ne me sois
expliqué, par vos redites inutiles, m'ex-
citer encore à la colere permise à tout
homme qui , pour votre utilité, prend,
contre l'ignorance, les intérêts de la vérité ? vérité qui croit ne devoir se défendre qu'en vous offrant l'Histoire de

tous les fiécles , & les juftes pronof-
tics qui vous font offerts tous les jours ,
& avant de paffer outre, croyez-vous ;
vous dira la Divination , que je répon-
de de ce qui n'eft pas moi , émané de
mon tribunal : Croyez-vous que, plus
que toutes les Sciences , & plus que
tous les Arts , je fois refponfable des
abfurdités , des menfonges , qu'articu-
lent de faux Philofophes , de faux Savans ? Approchez-vous de la fage Nature ; fachez à quel degré les caufes
produifent complettement leurs effets :
tout eft enchaîné. Je reviens.

Malgré tout ce que je pourrois vous
dire de la Cabale à la Métaphy-
fique , & de celle - ci à la Phyfique ,
pour que vos fens foient pénétrés de la
premiere , vous en reviendrez encore
au fentiment de l'ignorance , que la
Divination eft défendue ; défenfe qui
devroit pourtant au prime - abord
vous la perfuader véritable , ou être
dans la néceffité de convenir que cette défenfe étoit auffi ridicule qu'i-

nutile , fi elle étoit fauffe , & en conve-
nant que la Divination eft une fcience ,
c'eft de même témoigner qu'il étoit abfurde de défendre aux hommes de s'y
appliquer , parce que rien ne peut
anéantir , je dis pour toujours , les
Sciences & les Arts que nous indique & infpire la fage Nature.

La Divination que l'on put défendre
fans la connoître , je parle de la Divination naturelle, & non de ces fortes de
Divination par le fang humain, celui des
bêtes , &c. prefque toujours fauffe &
remplie de fupercheries , qui accompa-
gna fucceffivement les fauffes Religions;
enfin la vraie Divination naturelle ne put
être combattue que parce qu'on la re-
connut véritable, & en même tems contraire à la mauvaife politique des tems
barbares, colifichets ou vicieux, les hommes ne pouvant fupporter patiemment
des Régents qui n'avoient pour eux que
l'amour du bien , & une profonde con-
noiffance de la roue perpétuelle des événemens triftes de la vie que néceffitoit

l'ignorance. Ces tens ne font plus les
mêmes, & j'ai d'affez puiffans matériaux
pour la faire regarder comme utile,
comme néceffaire, enfin pour la faire
admirer comme une célefte Science humaine, donnée aux hommes pour leur
infpirer la vertu, & les prévenir des
maux que leur tendent leurs foibleffes
& les hommes pervertis.

Vous direz peut-être que fi les caufes
en morale produifent leurs effets comme en Phyfique, alors on vous ôte le libre-arbitre : à un homme fans vertus il
faudroit dans ces momens beaucoup
de détours pour traiter un pareil fujet;
mais lorfque la vérité eft le guide des
hommes, tout fe réunit pour les étayer.

Le libre-arbitre dans la vie morale eft
un don fpécial de la Divinité, comme il
eft dans la vie politique & civile une
faculté de notre intelligence , en un
mot, un favoir de ce qui eft bien & de
ce qui eft mal , fuivant le pays où nous
exiftons; il s'en fuit que la Divination
regardée naturellement en ce qu'elle

est, une Science humaine étudiée & ap-
prise, comme l'Arithmétique, l'Algè-
bre, les Mathématiques, n'a aucun
rapport avec le libre-arbitre, si ce n'est
pour démontrer d'une maniere irréfutable & au-dessus de tout ce qui en a été
dit, que les hommes en sont divine-
ment doués : ce que j'explique ample-
ment ailleurs dans un des endroits de
l'Ouvrage, au point de vous tranquilli-
ser, & de relever généralement toutes
vos suspicions contre une Science qui
ne nécessite pas les effets pour les pronostiquer, mais les pronostique, parce
que manquant à la puissance du libre-
arbitre, la Divination découvre que
ces effets arriveront.

La Divination est encore pour plusieurs, ce qu'est le vêtement d'un homme rempli de paille pour les enfans ;
ils en ont de la frayeur, & craignent
que leur Bonne n'en soit mangée : est-
ce toujours la raison, ou souvent le dé-
lire, qui fait juger une chose autre que
ce que l'on l'avoit jadis reconnue ? ici

c'est

c'est bien la raison qui arrivant avec les ans & l'éducation, ôte aux enfans leur terreur panique.

La Divination est une science humaine, & une science humaine n'est point la préscience Divine : lorsque je me dis *Devin*, c'est au sens propre d'examinateur des faits actus, qui me font, avec une science acquise par de sages opérations & de profondes médita-tions, remonter à leurs causes ; & re-passant sur les effets qui existent, des-cendre à leurs résultats, plus ou moins éloignés, suivant le dégré de science que j'ai pu acquérir ; enfin, je me dis Professeur de cette sublime science ; venez vous convaincre si je parle vrai.

Si je n'avois de commun avec tous les hommes qui ne sont point Devins, que d'être, comme on dit, plus judi-ciairement Devin qu'un autre, ce se-roit encore une très-excellente judiciai-re ; (& je l'aurois bien prouvé dans la longue Cause de M. de *M*.... & du sieur *Duj*.... en leur pronostiquant

à tous deux le Jugement en dernier
reſſort de la G. C. au moins deux mois
d'avance ; je les crois encore vivans,
tous deux, & ils ont dû me rendre juſtice : le premier eſt venu me conſulter
chez moi , & le ſecond m'a envoyé
chercher au G. C Et combien d'autres,
ſi les préjugés contre les hautes Sciences étoient éteints, rendroient au moins
juſtice à notre Philoſophie !) Mais
j'ai appris en outre par mes études à
vous convaincre que vous-mêmes vous
étiez Devins, & que vous ne l'ignoriez
que faute de connoître les vrais principes de la Divination ; comme parce
qu'on a moralement tourné votre eſprit
à ne le point croire ; enfin parce qu'on
vous a conduit au point de vous per-
ſuader à vous-même que la Divination
étoit une branche de la ſorcellerie ; mais,
enſuite ne croyant plus aux Sorciers ;
ce qui eſt encore une ineptie (1), Porrant

---

(1) Je ſoutiens qu'il en eſt ; mais en ſi petit nombre, ainſi que je l'ai dit & écrit il y a
plus de douze ans, qu'on peut les regarder
comme introuvables.

vos idées d'un autre côté vous avez cru &
dit que la Divination étoit une chimère,
ne pouvant vous figurer , comme je
l'ai plusieurs fois répété , que cette sublime Science est dans la Nature, de
même que toutes les autres ; ce que
vous ne combattez que parce que vous
ne vous en appercevez pas *architectu-*
ralement, encore que les effets pronos-
tiqués & effectués soient souvent très-
palpables, & influent sur vous moralement & physiquement.

Pour estimer juste la valeur réelle
de toutes les branches de la sage Cabale, tel est agité aujourd'hui le Magné-
tisme animal, faisant partie du Magné-
tisme universel, dont vous ont parlé
absolument tous les Philosophes de l'Antiquité , & faut-il dire sous vos yeux ,
Paracels, d'*Aubry*, *Bartholin*, *N. de Lac-*
ques , *de Vallemon*, *Digby* , *de Saulx*,
enfin vivant *C. Chevalier de Stuart*, &
le savant *Mesmer*, que vous ne compre-
nez pas encore : je le répére , il ne faut
pas attribuer à ces sciences rien qui

soit contraire au grand ordre ; mais leur assurer le point juste de leur puissance. Le Géomètre approche par des figures de la perfection du fini ; mais il ne va pas se perdre dans l'infini qui n'est pas de son ressort ; de même s'il n'est pas encore de la classe des grands Géomètres, il ne dit pas pour cela que les théorêmes qui ont en vue les proportions, traitées dans les derniers livres d'*Euclide*, sont des fictions géométriques ; enfin qu'ils ont l'impossible d'être résous. Il en est de même d'un sage & absolument Chymiste, qui, pour ne point trouver, malgré un travail de vingt ans, l'objet de toutes ses recherches, la Science *Divine*, l'Art *Sacré*, hermétique, ne se persuade pas que le grand *Hermès* l'ait voulu tromper ; & cela d'autant plus résistant à cette idée, qu'il voit la vérité qui l'environne de toutes parts, & lui soit dit qu'il la vreroit, ou mieux qu'elle se communiqueroit à lui s'il lisoit attentivement, non = seulement la Table

d'Emeraude, mais le Pimandre. Suis-
je donc Herméticien ? Moins que Devin, je parle vrai dans le second Cahier
de cet ouvrage.

Ne pouvant pas juger honnêtement
que la Divination n'est pas une Science, lorsqu'un homme connu pour
étonner toute l'Europe par ses pronostics particuliers, & jamais généraux,
nous le témoigne, au péril de voir des-
cendre ou monter à l'entour de lui
les Harpies de la Littérature ; enfin
pour parler bonnement, voulant m'en
croire aujourd'hui sur ma parole, d'autres questions en progressions géométriques se présentent, c'est-à-dire à
l'infini, & toujours suivant l'esprit de
parti auquel est voué le Questionnant,
celui-ci croyant, sur ce qu'on lui a dit,
tout contraire à la Divination; & cet
autre par opposition, ne croyant plus
à rien, si on en excepte à sa palpable
existence; car je crois qu'il n'est plus
d'homme qui en doute ; son ballot sur
le dos, il sent bien qu'un autre ne le

porte pas & qu'il en eſt chargé ; mais
comme je réponds d'un côté & d'autre
aſſez volontiers à tout, je dis que le
fond de toute queſtion va ſe porter à
ſavoir ſi la Divination comme Science
humaine, eſt véritable; c'eſt ce dont
vous commencerez à vous rendre raiſon, ſi vous répudiez les contes de
vieilles ; & d'un autre côté, ce chimé-
rique haſard que vous admettrez par-
tout, lorſqu'en tout rien n'a ſon mouvement ſans une cauſe qui le précède;
& enfin ſi vous conſidérez la Divination comme une étude particulière des
effets préſents, des cauſes qui y ont
donné lieu, & de ce qui doit néceſſai-
rement ſuivre les effets : c'eſt une étude
bien abſtraite! oui ; mais ce n'eſt ni
une chimere, ni une ſorcellerie.

Page 4 *du précédent ou troiſième
Cahier. Pour entendre ce que je vais
dire, il eſt utile d'avoir ſous les yeux
le Jeu de Cartes nommées Tarots. Etoit-
il poſſible de mieux prévenir celui qui
vouloit apprendre à tirer les cartes!*

Non ; & pourquoi donc lire les dé-
monftrations fans avoir les Cartes fous
les yeux ? Eft-ce pour avoir le plaifir
de dire, je n'entends rien à cet ouvrage?

Idem, où même page, à la Note.
Voyez dans l'Ouvrage, page 40.

Page 5, n°. 1 jufqu'à 77, & le
zéro. J'avertis de bonne foi que je n'ai
pas le talent de mieux me faire entendre que je vais le faire ci-après, dans
ce qu'il eft abfolument utile de favoir,
fi on veut devenir Cartonomancien.

Toutes les Cartes doivent être nu-
mérotées tel que le Livre vous l'indique ; c'eft-à-dire, que fur la Carte
où vous voyez peint un Jupiter, vous
mettrez en place du n°. V qui y eft,
le n°. 1 ; & fur celle où eft peint le
Soleil, en place du n°. XVIII, qui y
eft, l'ayant effacé, vous mettrez le
n°. 2, & ainfi prenant toutes les Cartes
une à une, vous les coterez ou numé-
roterez comme le Livre (troifième Cahier) vous l'indique.

Lorfque vos 78 feuillets font numérotés , vous mettez fous les nᵒˢ les fignifications qu'ont les Cartes , comme par exemple , fous le nᵒ. 27 , *Retard.*

Lorfque vos 78 feuillets font marqués de leurs premières fignifications, vous les mettez la tête en bas , & vous écrivez , toujours fuivant le livre , leurs fecondes fignifications ; de manière que le nᵒ. 27 , huit de bâton renverfé , fignifiera *travers* , &c. pour tous les feuillets.

Reffouvenez-vous que les 22 premiers feuillets du Livre de Thot n'ont , à l'égard de la Divination , que chacun une feule fignification, laquelle eft cenfée avoir en elle l'efprit de tous les objets qui lui font propres ; ainfi le hiéroglyphe de la Tempérance , renferme intellectuellement tout ce qui eft de cette vertu ; la Folie, tout ce qui eft de l'ignorance , &c. &c. Si la roue de fortune vient renverfée , cela annonce toujours fortune , mais moindre , outre que le coup indiqué , fi c'eft augmentation ou renverfement de fa fornune. En général un hiéroglyphe ne parle point feul, à moins qu'il n'y foit forcé, comme quand il refte feul, ou quand abfolument il ne s'allie pas avec les feuillets qui le précèdent ou qui le fuivent.

Ayant tracé fur vos 78 feuillets vos 78 premières fignifications, plus vos 66 fecondes fignifications qui font 144, & font l'efprit ou intelligence des 14400 évènemens heureux & malheureux, ces derniers fur la terre ayant été en augmentant depuis la dépravation humaine & commençant à difparoître par le foleil de la Philofophie, la vérité. (1) Je vais vous repré-

____

(1) Sur ce que plufieurs perfonnes ont reconnu que la terre étoit la fcorie des trois Elémens, ils ont crû que le mal avoit été mis quant & quant le bien au moment de la création : l'efprit général du mal, l'ignorance, eft venu de la tiédeur au bien moral; & cet efprit de perverfité, l'ignorance ayant pris racine a pouffé des tiges de toutes fortes, & en pouffe encore aujourd'hui qu ne reffemblent à rien de celles qui étoient chez

E. v

fenter un tableau analogue , ligne par ligne , à chacune de vos cartes portantes les fignes du Ciel des Etoiles fixes ; les aftres errans pour l'harmonie de l'univers, les jours de la création ; les nombres au rapport des élémens ; l'unité 1 figure du Moteur , voulant affeoir l'univers formel ; le nombre 8 figure de l'étendue , des formes actives, du repos ; & enfin les caractères ou chiffres qui cottent tous les feuillets du livre de *Thot*.

Les Anciens Peuples ; comme par exemple, qu'une femme faffe enfermer fon Seigneur & fon Maître dans un affreux cachot, pour jouir impunément de fon cadavre avec celui qui imprimoit l'ordre inique, à l'infu de la puiffance fupérieure. La dernière hiftoire inftruira nos fils & les fils de ces couples monftrueux par leur brutalité, leur méchanceté & leur iniquité ; lifez l'*Homme à Projets*, 1783 , page 33 , ligne 10 , &c. N'eft-il pas bien douloureux pour un garçon ou une fille qui prétendent à un honnête mariage, de s'en voir exclus, parce que leur père ou père putatif, a été renfermé dans B......? J'en apporterai un jour un recueil étonnant.

Les Gémeaux font un des douze Signes du ciel célefte, figure du ciel intelligible, pour tous les êtres de notre Univers ; on le figure ainfi ♊, & on le place à la gauche de foi fur le feuillet coté 3, & enfuite on met 2, qui indique l'eau, premier élément ; (fi l'humide ne nous environnoit pas de toutes parts, l'air qui eft fec & le feu qui eft chaud nous ôteroient la vie...) & enfin le nombre 3, qui offre le troifième jour de la création ; ainfi fur le feuillet où vous voyez peint la *Lune*, ayant effacé le nº. XVIIII, vous mettez ces nombres & caractères fuivant ce plan ♊ 3. 1. 3.

Si le Livre de *Thot* n'étoit que de pure frivolité, toutes ces chofes ne fe trouveroient pas indiquées fur chaque feuillet avec le plus grand ordre ; mais les appercevant telles que de légères études vous en feront foi, peut-on difconvenir que ce précieux Livre ne foit un ouvrage de la plus haute Philofophie ? Je fais que les Egyptiens

y ont écrit, que leur Livre même
n'eſt que vanité en raiſon des Originaux dont ils parlent ; mais continuent-
ils, il falloit un chemin pour conduire
les hommes à reconnoître la Nature &
adorer ſon Auteur ; & ce chemin quelque peu éclairé qu'il puiſſe être, ne
devient pas un précipice moral ni phyſique, ſi la ſageſſe eſt par-tout appellée
pour nous étayer Voici le Tableau général de tous les feuillets, vous reſſou-
venant que la cote ſur chacun d'eux,
indiquée dans le troiſième Cahier, doit
vous conduire pour m'entendre.

N. B. L'ordre interrompu de cet
Ouvrage, mon peu de Littérature, &
ſa bonne envie que j'ai que beaucoup
ſachent au moins ce que j'ai appris, ſont
des cauſes qui m'entraînent à des redites ſans fin. Si vous voulez m'entendre,
ayez toujours le Jeu de *Tarots* ſous les
yeux.

A la page 104 ci-après, reſſouvenez-vous
de mettre le n°. 2 à votre droite, & ainſi en
ſuivant.

(95)

Noms des Signes.	Cotte des Pages.		Elémens.	Jours de la Création.
Le Bélier......... ♈	1			
Le Taureau...... ♉	2		2 Feu.	1
Les Gémeaux.... ♊	3		1 Eau.	3
L'Ecreviſſe...... ♋	4	Cercle ſupérieur. Repos.	3 Air.	2
Le Lion.......... ♌	5		4 Terre.	6
La Vierge........ ♍	6			4
La Balance...... ♎	7			5
Le Scorpion.... ♏	8			
Le Sagittaire.... ♐	9	Cercle inférieur. Mouvement.		
Le Capricorne... ♑	10			
Le Verſeau..... ♒	11			
Les Poiſſons.... ♓	12			

Chaîne du second Livre, à cause des signes de mort ; & la suite de la cotte des Pages ou Lames.

13	14
14	15
15	16
16	17
17	13

Les Numéros 18 jusqu'à 67 } n'ont qu'un nombre & deux significations, eu égard à la Divination.

Partie de ☉ Fortune.		68
Queue du ☋ Dragon.		69
Tête du ☊ Dragon.		70
Saturne.	♄	71
Jupiter.	♃	72
Mars.	♂	73
La Lune.	☽	74
Vénus.	♀	75
Mercure	☿	76
Le Soleil.	✳	77
& le Zéro.	○	78

Tous ces nombres, signes, caractères, &c. sont absolument nécessaires pour entendre le Livre de *Thot*; mais comme ils ne sont pas même suffisans, la collection complette des quatre Cahiers, de leur Supplément, & des fragmens, réunis dans l'Ouvrage entier, mettront à portée de lire l'Original au point de faire de doctes ajoûtés à ce que j'aurai dit; c'est ce qui m'engage à rapporter, d'après tous les Ecrivains, cette vérité : Etayez la science & ceux qui en sont pénétrés, & vous verrez que l'ignorance ne tardera pas à se cacher dans les antres & les forêts inhabitables. Etes-vous malheureux par la science ou par l'ignorance? Consultez-vous, consultez l'histoire de tous les Peuples & la vôtre particulièrement. Ah! dit l'Ignorance, mon régne est passé; mais craignez mes derniers efforts? Tu tomberas comme une masse, & dans la première & la plus haute vérité, tu seras dix mille ans sans relever

sa tête, si les hommes sont assez fermes
pour ne plus t'écouter.

Les vrais Philosophes ne font aucun
pas sans avoir réfléchi ; c'est donc d'a-
près cette sage conseillere , la réflexion,
qu'ils ont mis le signe du Scorpion ♏,
sur le huitième feuillet ; & de tout ce
qui nous frappe à cet égard , nous di-
rons simplement , qu'une de leur raison étoit que rien ne tend plus à la
vie que le moment de la perfection. (1)

------

(1) Tout dans la Nature a vie & est dans
sa perfection, en ce que chaque chose est
actu mais chaque chose n'est en sa réelle
perfection qu'au point juste où elle étoit
au moment de sa création ; ainsi l'ame,
ainsi la vie , ainsi le corps de tous les Etres
animaux , végétaux , minéraux & brutes ,
chaque chose selon son genre & son espèce.
Or, ont dit les Philosophes, tels que Pythagore & autres, la Nature est homme , *fro-*
ment & or ; & de ceux-ci, or , *froment* &
homme : & à ce propos ont dit les Sages
Herméticiens, prenez la matière première
dans des régnes mûrs, & à leur plus haut
degré de perfection. Ce n'est pas la semence de ces régnes que Nature emploie
& développe à pas comptés, pour venir à

Page 7, exemple C. B. A. Beaucoup de perfonnes m'ont dit qu'ils
n'entendoient pas cette démonſtration :

———————————————————

ſes fins, qui vous eſt utile ; ce chemin
qui lui eſt propre, fans démentir l'axiome,
eſt & n'eſt pas celui que vous devez ſuivre ;
prenez de ces régnes, & je vous prie de me
croire, de l'un de ces régnes. ſon ſel, ſon
ſoufre & ſon mercure vulgaire & non vulgaire ; le premier, en ce qu'il ſe trouve
palpable dans les régnes ; le ſecond, en ce
que vous prenez la Scorie des principes,
pour les principes mêmes, ce qui eſt faux.
C'eſt dans les principes des régnes où ſe
plaît la matière première, parce que les
trois principes de chaque régne, ont ſeuls
le droit de l'exalter ou de la tenir en exaltation, & que ces principes ſont l'aimant de
la matiere premiere ; celle-ci eſt fixe en
eux, & elle ſe rend patiente envers eux.
Mais vous qui avez reconnu les principes,
fans vous en rapporter au torrent des hommes qui croyent les connoître, prenez bien
garde de brûler la première matiere ; prenez garde de corrompre ſon eſprit ; prenez bien garde enfin que la matiere premiere ne s'évanouiſſe ; car plus ſubtile que
la lumière (puiſque les Philoſophes la
nomment proprement vie,) elle eſt toujours
tirée vers la maſſe générale de la vie,
matière premiere, ainſi que les parties de
la clarté ſe retirent à l'aſpect des corps.

il eſt vrai qu'ils ſont convenus qu'ils n'avoient aucune notion de géométrie-pratique , ce qui , pour eux & pour la ſociété , ſeroit pourtant mille fois plus utile que les fariboles , avec leſquelles on a capté leur première jeuneſſe , toutes nos opérations morales & phyſiques ayant en elles un principe mathématique ; enfin ſoit ici une nouvelle explication de ce que j'ai dit dans le Cahier , pour tous ceux dont leurs familles ont ignoré qu'il étoit impoſſible de raiſonner juſte de ſoi-même ſans la *divine* Science mathématique,

---

opaéts , dans le ſein de la clarté. En un mot , les parties céleſtes , élémentaires, aſtrales de la matière première , vous ſont offertes, comme l'enfant dans le ſein de ſa mere , qui ſe nourrit de la ſubſtance du chyle & ſe forme des quatre humeurs. C'eſt donc une vérité qu'il faut que vous ſachiez compter ſpécieuſement & numériquement , 1, 3 , 5 , 7, comme 3 & 4 , le commencement eſt 1, la fin eſt 1, dans 3 eſt 2 , dans 5 eſt 4, dans 7 eſt 6, & 1 renferme tout.

de quelqu'état, & dans quelque situa-
tion que l'on puisse être.

Soit donc C. B. A... C est supposé
un homme nommé Pierre, B est regardé ici comme la Justice, & A un
autre homme nommé Jacques ; il se
trouve qu'en faisant parler ces trois
feuillets, C. B. A, de la droite à la
gauche, que A rendra justice à C ;
& ce qui est le même, que Pierre A,
rendra la Justice B, à Jacques C.

Soit à présent par invers A. B. C.
C, le no. 25 du Livre de *Thot*, ainsi
B le no. 9, & A le no. 32. Hé-bien,
en posant sur la table dans cet ordre,
les nos. 32, 9, 25, vous lirez sur
ces trois feuillets : Un bon Etranger rendra justice dans une société ; à qui ?
ajoutez le no 1 si vous êtes homme,
ou le no 8 si vous êtes femme ; vous
trouverez que ce sera à vous, étant
dans une Société, que l'Etranger rendra justice. En sentant ces principes si
naturels, on est porté à croire que l'Auteur des Contemporaines & plusieurs

autres qui ont fait entrer la Cartonomancie dans leurs difcours, n'ont pas
été mes Eleves ; mais tous les hommes,
depuis que les fciences ont été dépar-
ties, n'ont pas pu être tous Cartonomanciens.

Pofez à préfent devant vous ces lames, 8, 33, 9; après 25, 32, 9,
8 ; enfuite 8, 31, 25 ; cela vous inftruira pour paffer à de plus fortes com-
binaifons.

Repréfentez-vous à préfent un tableau de 17 lames, telles que je viens
de les amener, fans pouvoir trop dire
pourquoi ce ne font pas toutes autres
lames qui font venues ; pour m'en rendre raifon, il faudroit volontiers remonter au moment de ma naiffance ; & en
ayant trouvé pourquoi je fuis devenu
Cartonomancien, pourquoi j'écris de
cet art, enfin pourquoi j'opere à telle
minute plutôt qu'à une autre; il faudroit
dis-je, en outre, confidérer le tems, le
lieu, les circonftances qui ne font pas
dépendans de moi; il faudroit même,

comme rien n'arrive par hasard , mais
par une chaîne absolue, consulter si en
opérant je suis actif, vigilant, enfin léger ; je dis léger, parce que je sens que
 poids de ma main , pour couper plus
haut ou plus bas, peut faire naître un
autre coup , qui peut ne revenir jamais
tel que le voici.

36 , 23 , 9 , 57 , 37 , 52 , 66 ,
2 , 12, 11 , 1 , 26 , 50 , 34, 43 ,
54 , 53. Après avoir remarqué que
43 , 50 , 57 , sont renversés , je lis
couramment , & vous lirez comme
moi , si vous mettez ces feuillets devant vous sur la table. Je projette , mais
je suis entouré de pleurs, de chagrins,
d'espions & de méchans ; le méchant
me trahit, mais je remporte la force ,
parce que j'agis avec prudence, & il en
résulte qu'en éclairant je deviens utile
à plusieurs personnes, qui réfléchissent
ensemble, & décident que la Cartonomancie ne porte que sur de sages avis
prématurés, & non sur une inutile frivolité ; ce qui les engage à me ren-

dre justice. Voyons un autre coup.
53 , 72 , 47 , 62 , 44 , 67 , 22 ,
54 , 27 , 32 , 74 , 3 , 26 , 51 , 31 ,
0 , 7 , 57 , 66 , 5 , 20 , 76 , 9 ,
34 , 60 , 2. Notez que les n.os 54 ,
27 , 32 , 74 , 51 , 66 , 20 & 76 ,
sont venus les pieds en haut , & en di-
sant , supposé , que l'on a arrangé les
cartes telles que ce coup les représente ,
cela ne détruit pas , que tout ce qui
est su , & pourra être su , est renfermé
dans ces 78 precieux feuillets : expli-
quons ce passage de la vie.

Un honnête-homme , sans emploi ,
espere qu'en donnant de l'or à une
femme , il en sera étayé , sûrement pour
être occupé ; mais , comme on doit
voir , si on a mis ces Cartes devant
soi , il s'appuie sur une Folie ou sur rien,
car cette femme , au lieu de le servir ;
le trahira vis-à-vis d'un homme sur qui
sans doute il a ses vues portées ; de
maniere que les prétentions de l'homme sans emploi seront cloîtrées : néanmoins , malgré les traverses que la mé-

chante femme voudra apporter, cela
tournera dans l'esprit de celui qui peut
donner de l'occupation, à l'avantage
de celui qui en a vraiment besoin,
parce que l'autre s'entretiendra de celui-
ci avec un garçon brun, qui dans le
passé a justement connu celui qui n'a
pas d'emploi, & qui même lui étoit
ami; de maniere que le garçon brun
va mettre tout en usage, mais avec
discrétion; je dis avec discrétion, parce
qu'avant de lui être utile, il est bien-aise
de savoir qui son ancien ami, qu'il
a perdu de vue, hante aujourd'hui;
mais quelle satisfaction lorsqu'il sera
éclairci qu'il n'est malheureux que
parce qu'il a été trop bon, & enfin
qu'il vit dans la solitude, accablé de
chagrin! alors, lui continuant toute son
estime, il lui rendra justice & lui écrira
une lettre qui lui annoncera son augmentation & son travail à la campagne.
Il faut à présent relever les lames deux
à deux, faisant parler le no. 53 sur le
2, & ainsi le 72 sur le 60, le 47 sur

le 34, le 62 sur le 9 , & le 44 sur le 76, &c.

Vous justifierez qu'il y aura éclair-cissement de ce que l'on aura voulu savoir ; que dans le présent l'homme sans emploi pour qui nous opérons est encore dans la solitude ; qu'au fort de ses chagrins , l'on va lui annoncer la réussite de sa demande ; que l'amitié lui rend justice ; que son ami se ressouvenant du passé, lui écrira pour lui annoncer son augmentation , & que lui-même dans une sorte de fortune, il lui sera en tout utile. Il lui marque aussi dans cette lettre que l'homme dont dépend l'emploi s'est directement adressé à lui ; qu'il a parlé en ami & en honnête-homme ; que son occupation est pour la campagne ; enfin, qu'il ne soit plus chagrin, puisque par ce qu'il a dit de lui, tout va tourner à son avantage ; &, comme nous avons dit, qu'il lui seroit toujours utile ; mais qu'il veut expressément qu'il évite tout ce qui pourroit traverser les espérances

qu'il

qu'il peut dès ce moment avoir, en cef-
fant d'être rêveur, taciturne & trop foli-
taire, lui difant que l'enfemble de la
Société regarde un des Sujets qui s'é-
loigne d'elle, non comme un homme
qui fuit de lui-même, mais comme
l'ayant répudié; & au fait, que dans la
fageffe il faut en paffer à cette Société,
dont le défectueux n'eft en général
qu'avant & après l'âge de raifon de
chacun de fes Membres; qu'en prenant
en bien fes avis & les fuivant, qu'il
fleurira, pour la pénitence de fes ennemis & de fes froids amis; qu'il fera
bien appuyé; qu'il a relevé la cloîture,
c'eft-à-dire les obftacles qui pouvoient
empêcher qu'il n'eût cet emploi; que
toutes les trahifons de fa fauffe pro-
tectrice alloient retomber fur elle, &
qu'il fe faifoit fort de lui faire regorger
les dix ou douze louis qu'il lui avoit
donnés; ainfi qu'il foit tranquille, &c.
tout ce que la véritable bonne volonté
de faire le bien peut faire écrire, ce qui
fe juftifie dans le deuxieme & le troi-

F

fieme tas du même coup, ainſi que j'en
ai parlé dans le Cahier page 28.

Voilà, dirai-je au Lecteur, l'eſprit
de la Cartonomancie, qui ignoré, a
porté des hommes à la regarder comme
ſortilége, ou au moins comme une ſu-
perſtition, malgré que cet Art n'offre
viſiblement, au fond & dans la vérité,
qu'une connoiſſance plus profonde,
enfin, qu'un homme plus ou moins
verſé dans la lecture d'un Livre dont
les caracteres allégoriques repréſentent
la chaîne des événemens de la vie
humaine.

Lorſque l'on prend la défenſe des
Philoſophes Devins, n'importe quelles
branches ils ſuivent, une multitude de
faux Savans viennent ſe préſenter pour
leur être contraires; mais il faut pourtant, ayant les Livres ſous les yeux,
qu'ils conviennent que les Aſtrologues
ſont les maîtres de l'Aſtronomie, de la
Science du Calcul, & en général des
Mathématiques; enſuite, que ceux qui
ont traité de la Phyſionomie étoient

plus Peintres qu'eux, & que ceux qui dé-
montrent que le Jeu de Cartes nommé
Tarots eft un Livre de Philofophie,
voient mieux qu'eux l'antiquité; enfin,
en général qu'un vrai Devin connoît
bien au-deffus d'eux le cœur des hommes; ainfi réciproquement, nous con-
viendrons qu'il eft impoffible de fe
dire Devin fans avoir les qualités du
cœur & de l'efprit, telles il feroit à
defirer pour la Société que nos Anta-
goniftes les poffédaffent, & telles eux-
mêmes defireroient que leurs connoif-
fances, leurs amis & leurs parens en
fuffent pourvus.

Un Devin, dira-t-on, eft un homme
froid : oui, mais fans pédantifme. Il
n'eft pas de Société : non, mais il l'aime. Celui de notre fiecle prend 24 liv.
pour fes Confultations: ceci eft un
à part auquel feul il doit vous répondre;
mais pour lui, je dirai qu'il en eft
d'autres qui fe contentent du fol par
livre de fon prix. En écrivant en général pour la Divination humaine, &

ici plus directement pour la Cartonomancie Egyptienne, ne vous figurez
pourtant pas que le nombre des vrais
Cartonomanciens va bientôt faire corps
comme celui des Médecins ; c'est ce
que vous jugerez volontiers impossible,
si vous considérez attentivement ce
qu'un homme qui ose se dire & se
croire Devin, est obligé d'avoir étudié
& de savoir parfaitement, pour être
vraiment pénétré de tous les préceptes
dont je vous entretiendrai avant qu'il
soit peu.

Page 20. *Méchante femme*. J'en ai
connu particuliérement une qui ne
l'étoit qu'extérieurement, & cela,
comme je lui ai démontré, faute de
tempérance dans toutes ses actions. Ce
que je vais tracer nous conduira à
elle.

Il suffit d'être Domestique pour agir
machinalement, & il en est volontiers
de même d'un Clerc, d'un Commis,
souvent d'un Ouvrier, & même d'un
Courtisan, enfin de tous les hommes,

lorſqu'ils ſont, comme on peut dire, à
leur tâche ; car ſorti de-là, on ſait que
qui a agi en machine & obéi machinalement vis-à-vis une plus groſſe machine que lui, tranche néanmoins
comme la cauſe de toutes les machines.
Il n'y a pas de regle ſans exception ; ce
bon vieux Proverbe eſt encore véritable ; car un Artiſte, un Homme de
Lettres & un Philoſophe, ſont ordinairement décidés à ce qu'ils ont arrêté.
La vérité eſt une, diſoit *Socrate* ; & je
la laiſſerai à la Poſtérité ſignée de ma
propre vie humaine! Revenons.

Notre apparente méchante femme,
riche, avoit pour Valets huit forts
hommes, jadis très-vigoureux Agricul-
teurs; elle les avoit pris tout frais moulus
de la charrue les uns après les autres,
& cela autant par une ignorante huma-
nité, qu'en même tems parce qu'aimant
à crier, elle avoit tout le plaiſir de les
appeller gourmands ; il eſt vrai qu'ils
mangeoient beaucoup : Pareſſeux, c'eſt
encore une vérité, qu'au lieu de la

bourer la terre, ils dormoient à l'entour du poële sur des banquettes :
Menteurs, l'ignorance des Maîtres les
rend tels ; en un mot, que sais-je ce
qu'elle leur disoit, & ce que l'on peut
dire à des hommes qui s'avilissent, au
point de quitter la noble agriculture
pour se mettre Valets ?

Nos huit grands vauriens, comme
disent les vieilles Femmes-de-chambre
lorsqu'elles les ont aguerris, rendoient
bien la monnoie de la piece de leur
Maîtresse, c'est-à-dire à celle qui les
commandoit & les engraissoit. Dites-
lui, me dirent-elles un jour, M. le
Devin, qu'elle est méchante comme
un Diable : au fait, il n'en étoit rien,
& n'étoit tout au plus que sotte d'avoir
une valetaille si complette pour le
decorum. Notez bien que je rends
pourtant justice à quelques Domesti-
ques, mais c'est en si petit poids, qu'autant vaudroit-il que je n'aie pas ajouté
de restriction ; au surplus, je ne perso-
nifie personne, puisque je parle en gé-

néral. L'homme qui me sert crie après moi; je suis obligé de lui démontrer qu'il n'est pas Domestique, mais Garçon d'Auteur : il devroit bien s'en appercevoir au tourne-broche, dont la grosse noix est cassée depuis plus de dix ans.

Page 21. *Homme vieux & vicieux.* Faut-il pleurer ou rire en voyant une foule de nos vieillards s'abandonner aux plus extrêmes folies, enfin ne plus tendre leur esprit, on peut le leur dire sur les dernieres marches de leur tombeau, qu'à la cupidité, & ce qui est encore plus étonnant, à d'honteuses lasciverés qui abrégent leurs derniers instans ? Il faut, ayant tout fait pour leur démontrer l'horreur de leurs vices, les prévenir seulement que depuis que les petites maisons de leurs débauches ont lieu, la févere vertu a enjoint aux malheureux Portiers de ces cloaques, de prendre leurs noms, leurs qualités & leurs demeures par écrit, & d'être aux aguets pour recueillir leurs honteuses anecdotes. En parlant de lieux abominables, l'odieuse *Gourdandine* vient donc de crever, & la vente de son mobilier gagné par le comble de l'impudicité, est affichée en gros caracteres : *Vente après la mort de la Gourdandine.* Ressouvenez - vous, Postérité qui nous jugerez, que nous ne trempâmes point dans cet exécrable fauteuil à ressort, commandé & exécuté par l'Enfer, pour arracher l'honneur d'une chaste fille : ressouvenez-vous que les Juges de la Nation en frémirent d'horreur & de colere.

Page 27, à la Note. *Des hommes inutiles à la Société.* La Politique, pour subvenir aux légitimes besoins de la Nation, tire des impôts qui ne paroissent souvent onéreux à la Société, que parce qu'elle découvre qu'il est des hommes qui partagent leurs agrémens & non leurs fatigues ; la Politique le fait & en gémit, mais elle n'a pas d'assez grandes ressources pour parer à cet inconvénient ; aux grands maux les

grands remedes : marquez d'un petit
fer chaud la main de tous ceux qui ne
veulent pas se rendre utiles à la Société , tels sont ces fainéans qui se
subsantent, non pas de la fortune des
riches, mais de la fortune dont sont
dépositaires les riches, pour en tenir
compte à des vieillards, à des infirmes
qui n'ont jamais été de leur vie qu'au
jour le jour, en travaillant pis que des
forçats, ou dont la fortune a été en-
gloutie par des *mangeurs de tout bien,*
des Banqueroutiers. Oh ! l'heureux projet que celui qui couperoit la racine des
Banqueroutes ! Il existe, je le répé-
terai toute ma vie ; *voyez l'Homme à
Projets.* Marquez de même d'un fer
chaud la main de ces Joueurs honteux,
soit qu'ils soient dupes ou fripons ; marquez ces ames de boue qui se nourrissent
de l'usufruit du libertinage ; n'oubliez
pas ces indolens qui, dénués de leurs
travaux ordinaires, deviennent des
quémandeurs & de vrais fainéans. Y
a-t-il de la honte de descendre d'un

F y

cran ? Un Porte-faix, au pied de la lettre, n'eſt-il pas plus utile & plus eſtimable qu'un Domeſtique d'anti-chambre, & même qu'un Commis des Fermes ? La Société ne veut aucune excuſe ; il faut travailler ſi on veut, manger ; la morale la plus pure l'a gravé ſur l'airain : *Travailler, c'eſt prier.*

Pages 31, 32 & 33. On remarquera dans cette roue un peu de différence pour la manutention, à celle du *Etteilla*; mais il faut que ce ſoit tel que je l'ai tracé à toutes deux, dont la différence la plus remarquable eſt que dans le *Etteilla* ou la Cartonomancie Fran-çoiſe, on poſe le chapiteau en dernier, & que dans la Cartonomancie Egyp-tienne il ſe poſe après les deux colon-nes, & la roue en dernier : au ſurplus, l'intelligence doit ſuppléer à ce qui pourroit s'être gliſſé de défectueux, puiſqu'au fond la forme des coups n'eſt pas du rang des grands principes de cet art, qui ſont les ſignifications qu'ont les Cartes, l'ordre progreſſif de la cotte

des pages, & la science de leur faire
dire naturellement ce qu'elles offrent,
sans augmenter ni diminuer que les
liaisons du discours. Notez pourtant
que les coups que j'ai tracés étoient
ceux qui se pratiquoient chez les sages
Egyptiens, ainsi que leurs ouvrages le
témoignent.

Page 36. *Des Cartonomanciens.*
Mais, diront plusieurs personnes, il y a
si peu de tems que la Cartonomancie
est connue! Il en est de cet Art comme
de tous les autres qui ont paru nouveaux, encore qu'ils fussent déjà pra-
tiqués ailleurs, avant qu'ils fussent connus dans le dernier Continent où la
Nature se plaisoit à les découvrir ou à
les renouveller. Tout généralement fait
la roue ; mais la premiere trace se trouve
tellement effacée, qu'il est en quelque
sorte pardonnable de se dire inventeur.
Néanmoins si on suppose avec quelques
Naturalistes plus de quarante mille ans
d'existence, il est à présumer que quarante autres mille années feront oublier

bien des chofes. Le Livre de *Thot* ne remonte pas à cette efpece d'infini ; quatre mille ans environ, voilà fon époque, & par conféquent celle de la Cartonomancie, qui tire fon origine de ce qui fans doute fe paffoit avant le Déluge, puifque la Création y eft parfaitement marquée, comme les Hébreux l'avoient recueillie fans doute des fages Egyptiens. Ainfi c'eft à tort que l'on foupçonneroit que la Cartonomancie eft toute nouvelle. Quant à ce que j'ai appris par tradition, j'en parle ailleurs ; & fuppofant que j'aie oublié ce qui s'offre à ma mémoire, je dirai ici que cet Art étoit très en vogue chez les Piémontois il y a près de deux cens ans ; ce que peut-être aujourd'hui ils ne favent pas.

Pages 36, 37, 38, 39 & 40. *Depuis trente ans*. J'ai beau dire à la Société, en ma qualité de premier & du plus grand Cartonomancien de toute l'Europe, & ceci n'eft pas une vaine gloire, parce qu'il n'y a pas de Fermiers

Généraux qui vouluſſent changer d'état avec moi, ni même un petit Commis; j'ai beau dire, dis-je, qu'il y a moins de Profeſſeurs en Divination qu'en toute autre Science, cela n'empêche pas pluſieurs hommes & femmes de courir chez des ignorans qui diſent deviner, ce qui arrivera (1), & pis mille fois d'aller chez des trompeurs qui oſent berner l'eſpérance de ces perſonnes trop crédules, en leur aſſurant que par le miniſtere de M. *Belzébut* ils les rendront poſſeſſeurs d'autant d'or qu'ils pourront en deſirer; & comme il faut

––––––––––

(1) J'ai connu des Faiſeurs de Tours de Gibeciere qui mettant à profit la ſimplicité de pluſieurs perſonnes, s'avouoient Devins. Un Devin eſt un Philoſophe, ou s'il n'eſt pas Philoſophe, il n'eſt point Devin, parce qu'il n'y a pas de Divination naturelle ſans Philoſophie; il s'enſuit donc qu'un vrai Devin, en tant qu'il eſt Philoſophe, eſt dans le rang des premiers hommes; comme un Joueur de Gobelets, en tant que Charlatan, eſt réputé dans la derniere Claſſe. Ceci ſoit dit pour empêcher de confondre le zénith & le nadir, de ce qui peut occuper & récréer les hommes.

faire illusion à l'esprit des sots, ces vo-
leurs (c'est - là la vraie épithete) ne
manquent pas de se dire Professeurs des
grands moyens propres à faire agir les
Esprits infernaux ; enfin, à l'appui de
quelques ramassis de conjurations, partie dans le style des exorcismes de la
primitive Eglise, auxquels ils joignent de
grands cercles, des cierges allumés,
&c. &c. ils tirent tout bonnement
l'argent de la poche de ces ames cupides
& des ignorans. Je parle savamment
de tout cela ; car il est de vérité que
plusieurs personnes viennent me consulter pour savoir quel jour le Diable
accordera à leur Opérateur la tonne
d'or qui ne tient plus qu'à un rien. Les
Sciences abstraites, dont je prends la
défense, n'ont ni la bêtise ni le mensonge de toutes ces chimeres ; en Divination, marcher dans le chemin du
bonheur, être prévenu des routes qui
nous en éloignent, est le fond d'une
sage Philosophie.

Dans le nombre de ces prétendus

Sorciers, j'en ai connu de si adroits ,
qu'une tête parfaitement organisée ne
pourroit pas sans présomption se persuader qu'elle ne sera jamais prise dans
leurs filets. Ces madrés fripons ne de-
mandent rien, & dans quatre jours ils
vont tout donner ; cela est bien naturel ,
ou au moins paroît l'être ; mais le
piége est déjà tendu ; & moi-même ,
après mille épreuves de ma foible crédulité dans les dix premieres années de
mes recherches, j'aurois encore été
pris, si je n'avois eu à leur opposer
qu'une incrédulité générale. Voici le
langage de ces fripons : *On ne vous
demande rien, & dans quatre jours
vous aurez quinze mille livres, soyez
discret.* Qui m'a donc sauvé, je ne dis
pas seulement de leurs embûches, mais
de cette premiere crédulité qui est
communément appellée doute ? C'est
en connoissant à fond le foible de l'i-
gnorance ; c'est en paroissant entrer
dans la confiance qu'elle cherche à ins-
pirer, & en faisant imperceptiblement

paſſer ſur un pont d'émeraude factice
qu'elle croit de pierre fine ; c'eſt en pré-
ſentant à ces eſcrocs une ſuite des
meilleures bêtiſes, c'eſt-à-dire des plus
fortes ; c'eſt en leur mettant ſous les
yeux une collection complette de gri-
moires ſcellés, paraphés, *& emportant
la piece à tous les Diables*. Pardon, ces
derniers mots ſont de l'Art , ainſi que
beaucoup d'autres avec leſquels on paſſe
en une demi-heure pour plus Sorcier
que tous les autres. L'honnête-homme
doit connoître le bien & le mal, pour
ſuivre juſte le premier & ſe garder du
ſecond ; mais en voulant reconnoître
celui-ci , j'avouerai que je me ſuis vu
au moins dix fois bien proche d'être
compromis, tant a de force la forme
ſur le fond , celui-ci ſeul logeant la
vérité ! Revenons aux Tireurs & aux
Tireuſes de Cartes, dont le peu qu'on
leur donne permet de les frayer ; auſſi
n'eſt- ce pas là-deſſus qu'il faut diſſerter :
allons au fait.

C'eſt une vérité, que les ignorans

(123)

Tireurs de Cartes difent des chofes paffées, préfentes ou à venir, qui font à la lettre. Pour y répondre, je ne dirai pas auffi ineptement que bien d'autres, qu'ils difent tant de menteries, qu'il faut bien qu'à la fin ils parlent vrai, puifqu'il fuffit de confidérer fi la vérité qu'ils prononcent de fois à autre tient à la Divination par *l'enchaînure* des circonftances pronoftiquées ; ou fi le pronoftic tient purement à un oui ou à un non ; tel ceci, le mariage aura lieu ou le mariage n'aura pas lieu ; encore eft-il quelquefois que ce fimple oui ou ce non peut annoncer la folidité de la Divination, lorfque l'on prononce qu'il aura ou n'aura pas lieu, malgré les apparences les plus fenfibles du contraire au pronoftic ; c'eft donc fur ce pronoftic, découlant de la Divination, qu'il faut differter, parce que le pronoftic fait par fupercherie & le faux pronoftic, font à la Divination comme le menfonge eft à la vérité.

Une vérité en Divination ne doit

rien tenir de toutes les balourdises qu'ont affectées les hommes contraires à la Science divinatoire. Si on souffle à l'oreille d'un prétendu Devin ce qu'il doit dire à un homme, alors la Divination y est sensée pour rien, mais simplement la supercherie voisine du mensonge.

Une vérité en Divination ne tient rien qui ne soit frappée au coin de la Devination, & si on peut quelquefois lui ravir les pronostics, parce qu'ils sont simples, sans complication, on est forcé de lui donner ceux dont les circonstances sont liées de maniere que la simple judiciaire y paroît neutre, & parmi ceux-ci j'en rapporterai un seul.

Un homme de qualité vint chez moi accompagné d'une Dame; je m'en vais, dit-il, me renfermer jusqu'à demain; ce que *Monsieur*, dit-il en souriant, pourra vous certifier. Je le regardai, & je découvris dans sa physionomie qu'il parloit naturellement comme il pensoit, mais dans le sentiment de persuader sa

(125)

charmante épouse qui paroissoit douter
de ce qu'il disoit ; je l'engageai à couper
les Cartes, ce qu'il fit & en tirant purement sept lames ; je lui dis, Monsieur,
si je ne me trompe, vous ne rentrerez
que très-tard à votre Hôtel ; vous dîne-
rez avec plusieurs Dames chez l'une
d'elles, & j'aurai l'honneur de vous
revoir aujourd'hui, à moins que vous
ne vouliez vous déclarer contre mon
talent, qui est plus foible que votre libre
arbitre ; & dans ce cas-là, continuai-je,
la Divination n'en sera pas moins une
Science, & le Professeur trop peu ha-
bile pour voir comment se muera votre
volonté.

Parole d'honneur, dit M. le Comte,
je vais à la maison en droiture, parce
que j'y ai absolument affaire. Au fait,
il s'en fut, rencontra deux Dames qui
le firent monter dans leur voiture, l'em-
menerent dîner, & ensuite il les amena
chez moi, & travaillant pour eux trois,
ils en sortirent à près de minuit.

Il en est de la Divination comme de

tout ce qui est d'une belle simplicité :
ce que je viens d'écrire ne paroît pas
merveilleux ; mais il suffit de se dire
que les circonstances découvrent le
pronostic qui auroit paru plus considérable, s'il eût été question de mort
subite en chemin , &c. &c. Reste à savoir présentement si des Tireurs & des
Tireuses de Cartes ordinaires ont dit
des choses qui tiennent comme cela à
la Divination : informez-vous-en.

Qu'est-ce qui peut donc procurer à
ces ignorans des pronostics aussi justes?
Ce n'est pas ce saint enthousiasme propre aux Philosophes, dont ont parlé
plusieurs grands Hommes ; ce n'est pas
le fond de la Cartonomancie ; c'est
purement les Principes élémentaires
physiques des Cartes ; c'est que, sans
posséder cet Art à fond, ils s'attachent
simplement aux significations palpables
qu'ont les Cartes ; & comme les Principes physiques se sont offerts ce coup
là dans leur vérité, ils l'ont articulé,
& l'événement justifié les a autant sur-

pris que leur Confultant, parce que ni l'un ni l'autre ne poffédant pas le fond de la Science, ils ne peuvent fe rendre raifon du pourquoi il eft tel, que des Cartes qui paroiffent n'avoir aucun rapport à la chaîne de la vie, en développent néanmoins des chaînons d'une maniere toute admirable.

Nous ne fuppofons pas feulement, mais nous difons avec vérité que des Tireurs & des Tireufes de Cartes ne connoiffant abfolument que les Principes vulgaires, les fignifications que portent les Cartes, ont dit des chofes étonnantes; mais s'ils ont rencontré la vérité phyfique qui fe plaifoit à leur être utile, ainfi qu'à leur Confultant, refte à favoir fi la même vérité phyfique a pû de même mettre à côté ce qui feroit plus effentiel que le pronoftic.

Un Phyficien voit bien la dureté d'un corps; il le juge tel, parce que fes parties font plus refferrées, parce qu'elles font infiniment liées, &c. mais il lui feroit autant agréable de pouvoir se rendre raison de quelle maniere la Nature a formé ce corps, & comment il se désunira, & ce qu'enfin en se désunissant la Nature se propose d'en faire; car que l'on réfléchisse que la terre d'un végétal n'a aucune des qualités de celle d'un animal, jusqu'à ce que la Nature les ait amenés l'un & l'autre au point du premier limon de la création.

En voulant trancher de l'esprit, comme ceux qui en piquant les tables tranchent les viandes avec une noble fierté, on pourroit dire sur les fausses apparences que tout fumier quelconque se transmue directement & sur le champ en laitue, en choux, & celui-ci en lapin, &c. Tout fumier quelconque échauffe, & par ce moyen lance dans la semence les racines, les tiges & les fruits, l'aigre & l'acide des sels cruds; mais le fumier, la paille, ne passent pas dans le minéral, le végétal, l'animal, avant d'être devenu premier limon, tel il a été au premier moment de la Création, ce qui ne peut être

que dans une coaction où la Nature ou
bien l'Art lui donneront sept digestions.
Ainsi le lapin de clapier a été choux ;
mais le choux a cessé d'être choux , &
est devenu limon avant d'être lapin , &
le goût qui est au lapin est accidentel ;
ainsi le bœuf ne devient point homme
avant que Nature n'ait mené le bœuf
au premier limon général & primitif
(1), & certes si l'homme se nourrissoit
de ce premier limon dont le passage ,
sans art pour le fixer, est imperceptible,
il vivroit plusieurs mille ans. La propriété d'un corps animal, végétal ou
minéral, propre à maintenir plus ou
moins de tems cette terre pure , fixe
le terme à ces jours. C'est donc en sa-
chant fixer ce précieux limon primitif,
que nos Philosophes ont atteint le but
de détruire les maladies, & d'alléger
leurs années jusqu'à ce qu'il plaise à la

____

(1) En tout il est un intermédiaire ; le
limon est ici entre le bœuf & l'homme ,
&c. J'en peux dire la matiere premiere.

bonté Souveraine de les appeller à lui,
pour les récompenser d'avoir étudié ses
Œuvres: Que le limon de l'or est favou-
rable, & non l'or : on ne fait pas d'or
sans or. . . . . . .

Il ne suffit pas d'aller chez un Tireur
ou une Tireuse de Cartes vulgaires,
parce que l'on a quelque certitude que
les Principes Physiques lui feront prononcer quelques vérités qui sont possi-
bles & essentielles à savoir; il faut se
dire : mais si ces Principes leur témoignent que je suis menacé de perdre ma
fortune, parce qu'ils découvriront, supposé par ces mêmes Principes, que je
suis actuellement dans une chaîne imperceptible qui conduit à un effet si
cruel, ce Tireur ou cette Tireuse de
Cartes seront-ils assez instruits pour me
dire dans la vérité le moyen de rompre
la chaîne où je suis, pour, en embras-
sant une autre, éviter ce malheur? Si on
soupçonne cela possible, alors il faut
être persuadé que la vérité physique les
favorisera. Mais n'est-il pas mieux de
croire

croire que tout corps physique a en soi
des traces de ses causes & de ses résultats, & qu'il est impossible à un ignorant de les reconnoître, parce qu'il n'a
pas appris à faire l'analyse d'aucun corps
relativement à sa substance, mais seulement eu égard à ce qui regarde sa
matiere? Le méchanisme supérieur d'un
être ayant vie animale, végétale ou mi-
nérale, n'est pas le même que celui d'une
machine que l'Artiste a fabriquée de
plusieurs pieces.

Si j'avois la curiosité de savoir ce
qui m'arriveroit, ce seroit purement
dans le sentiment assez raisonnable de
connoître la chaîne de ma vie, afin de
suivre les anneaux des événemens heureux, & de rompre, ou au moins de
détacher les anneaux des événemens
malheureux, n'y ayant pour chaque
homme qu'une seule chaîne; ce qui est
encore souvent bien assez.

Si je ne connoissois point d'hommes
assez savans pour satisfaire ma curiosité,
je ne me résoudrois pas à aller chez un

G

ignorant Tireur de Cartes, mais chez un Particulier quelconque que je saurois un parfait honnête-homme, très-discret & très-profond dans les Sciences politiques & civiles, & qui, bien entendu, posséderoit la Cartonomancie, suivant purement ses Principes physiques; Principes qu'il auroit appris en quelque leçon pour son seul amusement, ou afin de parler de cet Art avec plus de vérité que ceux qui n'en ont aucune idée.

Pourquoi préférerois je un Particulier savant à un ignorant Tireur de Cartes? C'est que supposant qu'il s'offre un pronostic ayant parfaitement ses trois dimensions physiques, le coup suivi, la preuve dans le relevé de deux Cartes à deux Cartes, & nul contradiction eu égard au coup, au relevé & au Consultant; alors je pourrois attendre de ce Particulier profond, de sages avis, établis sur son âge, son expérience, sa judiciaire, qui me serviroient presque autant que le talent d'un vrai Cartonomancien, à moins que l'excellenté judiciaire de ce Savant foit en défaut, ne voyant pas que celui de l'un des anneaux de ma vie qui doit paffer le premier, ou fuppofé le vingtieme, fera brifé par le frottement plus puiffant de la chaîne d'un autre.

On convient qu'un homme en venant au monde apporte fa chaîne ; mais qu'alors foible, elle eft foumife à la chaîne de fa nourrice, de fa bonne, jufqu'au moment où il articule, où il marche, & enfin où il fe rend maître de lui par des caprices, par des obftinations & par fes paffions ; en un mot, on convient, fous tel indice que l'on voudra donner à la vie de l'homme, que celle-ci a un tiffu qui, comme la comparaifon du vermiffeau, fe rompt, fe renoue, s'allonge & fe raccourcit ; mais on ne veut pas que ce foit la Cartonomancie qui nous développe ce fuperbe & myftérieux tiffu, parce que l'on craindroit d'être redevable à un

Tireur de Cartes d'une copie si inté-
reflante.

Pour répudier ce tableau, ou mieux,
cette copie du mouvement perpétuel,
particulier & général de tous les évé-
nements qui arrivent aux hommes, il
faudroit en propofer un autre qui au
moins l'égalât; mais comme l'efprit ne
peut pas en trouver une plus fenfible
que la Cartonomancie, qui nous vient
des premiers Egyptiens, il y a donc de
l'ignorance de fe figurer que l'Art de
tirer les Cartes n'eft propre qu'à des
femmelettes, des petits génies, ou à
des bonnes vieilles qui en gagnent de
l'argent.

Le fond de toute critique ne porte
pas toujours à faux, parce qu'où il y a
preuve de déraifon fenfible, comme ici,
deux fois trois font fept, fe démontre
abfurde; mais la critique, ou mieux la
vile fatyre, n'a pas toujours pour guide
des axiomes numériques, mathématiques; il lui fuffit fouvent d'être prévenu, ou de voir non-feulement du

côté foible, mais de celui de la non-
exiſtence (comme ces chardons qui
furent pris pour des hommes, & tous
les jours comme on prend les plus
grands hommes pour des chardons),
pour la faire mal prononcer en dernier
reſſort de ce qui la ſurpaſſe, enfin de ce
que le Critique, ſouvent mercenaire,
n'a aucune idée, encore que les Savans,
comme les ignorans, s'en rapportent à
lui, les premiers par leur non-chalance,
& les ſeconds parce qu'ils ne peuvent
juger par eux-mêmes. Combien d'E-
crivains ont eu à ſe repentir d'avoir été
trop précipités dans leur jugement, lorſque de plus ſavans qu'eux ont appellé
de leur dire devant toutes les Nations
préſentes & à venir ? On ſe frappe alors
la poitrine, mais il n'eſt plus tems ;
paſſe encore ſi on s'étoit déchiré ſeul
par des contre-ſens, des diſtractions,
des fautes même groſſieres ; mais o na
voulu mettre la Société à dos contre
un homme ſouvent qui voyoit le pré-

sent, sommoit le passé & feuilletoit l'avenir.

Si j'avois découvert que la Cartonomancie n'étoit absolument qu'une frivolité, qu'une charlatanerie, & même qu'une souplesse de la main, ayant sans amour-propre autant d'Art, & pour le dire net, de petites finesses qu'un autre, je l'aurois délaissée pour jouer du Savant ; ainsi avec quelque leçon du fatiguant & froid Art grammatical, pillant, volant, relisant les Anciens & les Modernes, j'aurois, je le crois, promené ma mince existence physique dans les rues & dans les cercles, couvert d'un titre fastidieux, M. l'Académicien, de Nanterre (1), de Villeneuve-les Avignonnois, & peut-être des Arcades du Pont-neuf.

Si on doit préférer un Savant, un homme discret & vertueux, qui sçait seulement les significations qu'ont les

______

(1) Pauvre Village où existe la plus riche & la plus renommée Sainte de la Capitale.

Cartes, à des ignorans qui font métier
de les tirer, on doit bien se défier dans
son choix d'avoir en vue un indiscret,
tel Savant, ou mieux telle apparence
de Sciences qu'il paroisse avoir ; & dans
l'incertitude de bien rencontrer , je
crois qu'il est mieux de préférer des
Tireurs de Cartes ordinaires, si toute-
fois ils ne sont pas indiscrets d'une maniere plus perfide. Au fait, voilà ce
que j'ai écrit plusieurs fois depuis douze
à quinze ans. Envoyez chez votre Tireur de Cartes, pour qu'il devine ce
qui vous arrivera ; mais prenez-vous-y
d'une maniere si adroite, qu'il lui soit
impossible de savoir qui vous êtes, ni
où vous existez ; & si jouant l'homme ou
la femme instruite, il vous demande,
comme nos Philosophes, les quatre colonnes sur lesquelles vous êtes appuyé
au moment de votre curiosité, envoyez-
les-lui, puisque tout au plus sur dix
mille personnes, cela ne peut donner à
connoître qu'un seul questionnant.

Si on étoit pénétré comme moi de

la Cartonomancie, & en général de la
Divination, je ne dis pas pour deviner
à mon gré tout ce qui se présente, mais
pénétré des vrais Principes de cette sublime Science, on sentiroit qu'il est
plus facile de pronostiquer juste par la
Science, que par ce qu'on nomme *co-
tingent*, c'est-à-dire juger d'un effet
libre à venir, sur l'aspect d'une chose
présente, comme le Médecin qui juge
de la mort ou du rétablissement de la
santé de son malade par la nature des
crises; crises qui ne sont toujours offertes que parce qu'on ne sait pas empêcher les crispations; enfin, dis-je, on
verroit qu'il est plus facile de pronostiquer juste pour un inconnu, que même
pour sa propre femme avec qui l'on vit.
C'est ainsi que je me figurois sans la
Divination, avant d'être *Epouseur*, que
la femme que je connoissois & avois en
vue, étoit mon fait; enfin, que la Divination n'eût pu me persuader que je
lui semblerois, après plusieurs années,
tout autre qu'elle me l'avouoit. Ma

femme ignoroit que parfaitement femme, même bonne, qu'elle cesseroit de
l'être comme épouse. Le quatrieme
Cahier nous démontrera comme la
Science Divinatoire scrute plus loin que
nos jugemens.

A mesure que nous avançons, nous
trouvons toujours de justes sujets à parler, s'il est dangereux de se servir d'un
indiscret pour nous tirer les Cartes,
parce que ce qui peut se passer dans
notre ame à l'aspect d'une vérité, peut
se peindre sur notre physionomie, &
enfin nous arracher un aveu indiscret;
il est d'un autre côté dangereux à un
homme discret, comme à celui qui est
indiscret, de savoir le secret des autres;
le premier par délicatesse, & le second
parce qu'il peut en être puni directement
ou d'une maniere si oblique, qu'il ne
puisse jamais découvrir la premiere, ou
au moins ici la seconde cause qui le portera à tomber dans un des mille & un
revers journaliers qui peuvent culbuter
un mauvais sujet; enfin il nous reste à
dire, comme je l'ai écrit dans la pre-

miere Edition du *Etteilla* ou *Art de tirer les Cartes*, 1770, qu'il faut tâcher d'être soi-même son Devin; & dans le cas où on n'auroit point la force de ne pas se flatter, qu'il faut chercher un Savant Professeur dont la multiplicité des secrets le rende insensible sur ceux qui nous sont particuliers, & cela devant être nécessairement, parce que ceux que sa Science lui a pu découvrir ne lui doivent point paroître tels, puisqu'ils ne lui ont été ni avoués ni confiés.

Pages 40, 41, jusqu'à 53. C'est d'après avoir lu ce long Discours où l'Auteur joue du Moraliste, que l'on peut lui dire : Voilà bien de la Philosophie morale pour un Diseur de bonnes-aventures ! S'il est vrai que des hommes, ne rencontrant pas de leur semblable pour prêcher la vertu, l'annonçoient à des animaux irraisonnables, qu'importe l'état de l'homme lorsqu'il s'adresse à ses semblables? Et pour répondre à la satyre amere, que je serois heureux, lui dirois-je, si beaucoup de gens, faute d'avoir toujours fous leurs yeux les Principes d'une vraie Philofophie, ne m'avoient pas contraint de leur pronoftiquer de mauvaifes aventures! Le Ciel en garantiffe mes Lecteurs par leur fageffe & leur fcience!

(*) M. fi l'Épitre que j'ai adreffée publiquement à feu M. COURT DE GEBELIN, ne m'a point attiré fa difgrace, ni celle d'aucuns de ceux qui le connoiffoient par fes Œuvres & même directement, c'eft, je me le fuis perfuadé, parce que je me fuis préfenté avec ce mélange de hardieffe & de foumiffion, que les Ouvrages de nos Philofophes & de cet illuftre Antiquaire, m'avoient infpiré, & encore parce qu'en citant ces mots page 20 de mon Épitre, *le Savant, le Sage & l'Aimé Gebelin*, je n'étois directement que le porte-voix de toute l'Europe.

Vous m'invitez, M. à concourir au

Prix qui doit pour jamais récompenser ceux qui travailleront à l'Eloge de
feu *le Maître de l'Antique* ; ne soyez pas
inquiéte de ce foible tribut que lui doit
l'Univers Lettré ; des hommes, oui des
hommes de plusieurs Nations s'en feront un devoir : il n'avoit plus de réfu-
tateurs.

Paris, le 19 Mai 1784.

Fin du Supplément au troisiéme Cahier.

N. B. Les Personnes qui ont le troisiéme
Cahier, voudront bien envoyer chercher ce
Supplément, qui leur appartient, ainsi que
le Fragment qui suivra.

DILIGITE HIC EST FILIUS MEUS IN QUO EGO DEUS JEHOVA ME BENE COMPLACUI PRINCIPES JUDICES ET POPULI

IIII III
MICHAEL ZADKIEL

Superbe de la collection

Talisman de l'auteur

CONTRA INIMICOS MEOS OMNIA QUÆ CUMQUE FACIET ... JEHOVA PRO SE IRASCUNTUR DEXTERA DOMINI FACIET VIRTUTEM

MICHAEL

RAPHAEL

GABRIEL

URIEL

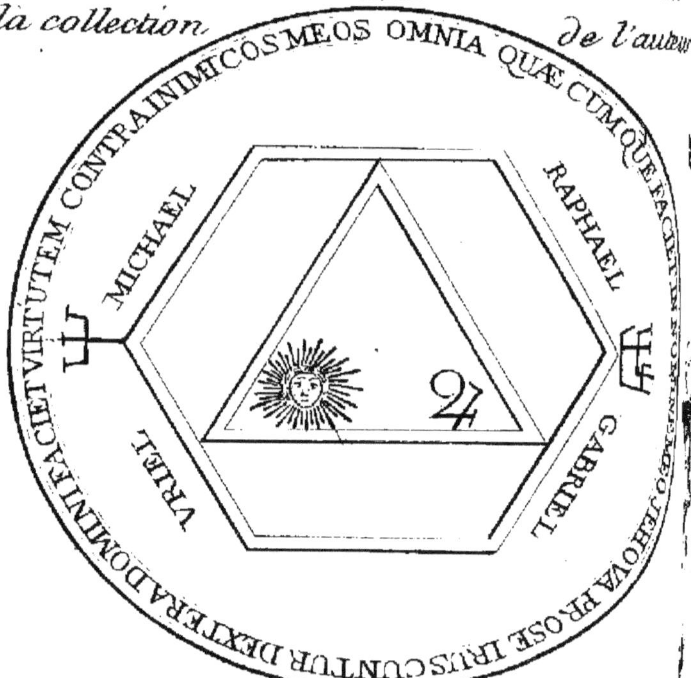